Volker Schoßwald

Gott mitten unter Menschen

Neue christliche Lieder mit Gitarrenbegleitung
Als Hörbeispiele: http://soundcloud.com/volky-polky

Ein Schiff, das sich Gemeinde nennt im 21. Jahrhundert…

Nürnberg / Schwabach 2022

Musik: eine magische, eine mystische Macht.
Anhören: http://soundcloud.com/volky-polky

© 2022 Volker Schoßwald
Herstellung und Verlag: BoD – Books on Demand, Norderstedt,
ISBN 9783756202119

Inhalt

3

Vorwort

Meine Lieder entstanden in den letzten 50 Jahren. Ich ging mit ihnen auf konkrete Inhalte ein, die ich in anderen Liedern nicht fand. Die gute Singbarkeit ist mir wichtig. Dieses Büchlein veröffentliche ich für den Gemeindegebrauch, mit auflockernden Bildern und Demoversionen auf http://soundcloud.com/volky-polky.

Thematische Zuordnung:

1. **Advent**: Seht, da kommt der neue König; Laterne, komm geh mit mir; Sankt Martin rockt;
2. **Weihnachten** Am dunklen Tag; Christmas-Rock; Jesus in Goho; Mitten unter Menschen; Willkommen auf dieser Welt; Gott in Raum und Zeit;
3. **Epiphanias**: Sonne, Leben, Jesu Kraft;
4. **Passionszeit**: Königsblut am Kreuz;
5. **Ostern**: Jesu Stimme, stärker als der Tod; Wir werden aufersteh'n;
6. **Himmelfahrt**: Himmelfahrt;
7. **Pfingsten**: Heiliger Geist, erfüll mein Herz;
8. **Glauben / Vertrauen**: Du bist hier; Gott, deine Liebe ist groß; Gottes Blume blüht; I'm on my way; Ja, du bist bei mir; Kirchtürme im Nebel; Vertrau auf Jesus Christus; Warm ist dein Herz; Woher soll ich wissen, was du willst; Ich will dir vertrauen…; Ich hebe meine Augen auf zu den Bergen; Ich wär so gerne ich; Ich bin ein Wunder!: Los, ruft es aus den Häusern!;
9. **Taufe**: Tauf-Rock; Deine Nase, deine Augen…;
10. **Beerdigung**: Zuhaus in Gottes Garten
11. **Für Kinder geeignet**: Die Berufung des Petrus; Die Verleugnung des Petrus; Dr. Schweitzer, der Urwaldarzt; Himmelfahrt; Jetzt geht es los; Laterne, komm geh mit mir; Mitten unter Menschen; Paulus; Seht, da kommt der neue König; Wir bauen eine Brücke; Zeltlied Abrahams; Ja, wenn die Heil'gen einmarschier'n;
12. **Konfirmation**: Jesus, ja ich kenne den Weg; Sag, was ist dein Weg (Konfirmandenrock); Wir sagten Ja zu Dir!;
13. **Lob**: Ich lobe meinen Gott bei Tag und Nacht: Kantate-Boogie; Hope and Glory; Ich bin ein Wunder; Gott, deine Liebe ist groß; Deine Nase, deine Augen und dein Mund (Babytaufe);
14. **Gemeinschaft**: Jetzt geht es los; Machet, machet die Tore weit; Wir bauen eine Brücke;
15. **Verantwortung**: Auge um Auge; Es ist jetzt an der Zeit; Frieden Frieden Frieden; Grenzenlos; Suchet der Stadt Bestes; Los, ruft es aus den Häusern. Wo Menschen übermütig…
16. **Biblische und kirchliche Geschichten**: Die Berufung des Petrus; Die Verleugnung des Petrus; Die Sonne steht am Himmel; Ein jedes Ding; Frei sollt ihr sein, frei (Mose); Paulus; Weingärtnerlied; An den Strömen von Babylon (Ps.137); Zeltlied Abrahams; Ich will dir vertrauen (Wolke der Zeugen); Albert Schweitzer;
17. **Sankt Martin**: Sankt Martin.
18. **Aus der Liste fallend**: Sternenlied; Gestern ging ich wieder an dem alten Haus vorbei;

1 Am dunklen Tag ein heller Schein

F G C a G C F GCa FGC FGCE FGC // a d G a d a E a E a

REF: *Am dunklen Tag ein heller Schein: Gott kommt in die Welt. /: Ein Menschenkind, so schwach und klein, das nichts in (2: seinen) Händen hält. :/*

1) Bei Zimmermannsleuten in Bethlehem hört man plötzlich ein Baby schrei'n. / Im Stall ist es dunkel und unbequem, /: doch Gott ist sich nicht zu fein. :/

2) Auf dem Feld hüllten Hirten sich tief in ihr Fell, sie fühlten sich wertlos und klein. Doch Engel erschienen, die Nacht wurde hell, /: Gott lud diese Armen ein. :/

3) Die Nacht aller Nächte, der Himmel wird weit, wer nichts zahlen kann, ist Gottes Gast. Wärme in Kälte und Friede im Streit, /: Gott macht bei den Menschen Rast. :/

4) In der Hütte aus Lehm, in der Großstadt New York, in unserem Nachbarhaus: Wo Menschen nach einem Befreier sich sehnen,/: sucht Gott sich die Krippe aus. :/

5) Wir geh'n durch die Straßen und sehn unser Bild/ gespiegelt im Schaufensterglas. Ob für mich, der sich spiegelt, auch Weihnachten gilt?/:ob Gott nicht grad mich vergaß? :/

6) Die Hirten am Feld hatten nichts über sich/ nichts was sie vom Himmel trennt.   Bin ich ungeschützt, offen, dann findet er mich, /:der die Armut des Herzens kennt. :/

2022 in Nürnberg-Leyh. Wenn Jesus hier zur Welt käme… Die Heilige Familie im mittelfränkischen Wohnzimmer eines bourgoisen Stadtteils…

2 Auge um Auge

Au - ge um Au - ge, Zahn um Zahn so fängt die end - lo - se Ra - che an.

Setz auf das Bö - se nicht Bö - ses drauf! Hör mit dem Kreis - lauf des Bö - sen auf.

Gott lässt die Son - ne ü - ber-all auf-gehn. Der Re - gen fällt und

schaut nicht auf wen Gott lässt die Son - ne ü - ber - all auf - geh'n. Die

Gu - ten und die Bö - sen kön - nen sei - ne Gü - te seh'n.

GdeC Gded(G) /

Auge um Auge, Zahn um Zahn
So fängt die endlose Rache an
Setz auf das Böse nicht Böses drauf,
hör mit dem Kreislauf des Bösen auf.

adGC adGdG

Ref: Gott lässt die Sonne überall aufgehn
Der Regen fällt und schaut nicht, auf wen
Gott lässt die Sonne überall aufgehn
Die Guten und die Bösen können seine Güte sehn…

Schlägt dich jemand auf die rechte Backe
Fällt aus der Krone keine Zacke
Wenn du dich nicht direkt revanchierst
Sondern den Weg der Versöhnung ausprobierst.

Wenn dich einer packt, damit du mit ihm gehst
Statt dass du ihn „lass mich bitte los" anflehst
Geh mit ihm weiter als er zunächst will
Frieden kommt aus gesichertem Gefühl.

8

Was wäre Weihnachten ohne Esel?

Der Esel erscheint auch beim Einzug Jesu in Jerusalem und verdeutlicht: Jesus gehört zum einfachen Volk, zum Am Haaräz, dem „Volk der Erde", dem „Menschen auf der Scholl".

3 Christmas-Rock Hosianna Jesus

In ei - nem klei - nen Haus in
Beth - le - hem. Da war es eng und al - les
an - dre als be - quem. Mensch und Tier rück - ten
eng zu - sam - men, weil noch Gäs - te von weit her in die
Hüt - te ka - men. Die Frau war schwan - ger, bald war's
mit der Ru - he aus, denn Ba - by - ge - schrei er - füllt das
gan - ze Haus. Ho - si
ja - na Je - sus, Ha - le - lu - ja. Der Mes -
si - as ist end - lich da!

In **einem** kleinen Haus in Bethlehem,
da war es eng und alles andre als bequem
Mensch und Tier rückten eng zusammen
weil noch **Gäste** von weit her in die Hütte kamen
die **Frau** war schwanger, bald war's mit der Ruhe aus,
denn **Baby**geschrei erfüllt das ganze Haus...

Hosianna, Jesus Halleluja - Der Messias ist endlich da...

Bethlehem nannte man auch **Da**vids Stadt
Weil der König seine Herde dort als **Hirt** geweidet hat
Hier stand kein Palast, sah man keinen Königsthron
Nur das kleine Kind der Mary nannte man bald Davids Sohn
Denn er sollte Freiheit bringen von der feindlichen Macht
Doch nur ein niedliches Baby quäkt zur heiligen Nacht...

Ist das kleine Kind nun endlich auch bei uns angekommen?
Aber ja, so sagen viele und zwar nicht nur die Frommen
Auch die Spielwarn Fabrikanten sind von Christus ganz ent-
zückt
Weil er sie mit hohen Umsätzen in der Weihnachtszeit be-
glückt
Ich mein, **Frieden** auf Erden, bringt kein **König** auf dem Thron
nur den Frieden mit dem **Himmel** sendet uns der Gottessohn.

4 Deine Nase, deine Augen… Tauflied

Strophe

Dei ne Na - se Dei ne Au - gen und dein Mund: sie la - chen sie

la - chen, Dei ne Fin - ger - chen du streckst, sie machst sie rund, beim Schla fen beim

Wa - chen. mm mm mm mm Auf dir ru - he Got - tes

Se - gen! Er mö - ge dich tra - gen Je - su Geist_____ auf dei nen

We - gen An all dei - nen Ta - gen

Sei er bei Dir_____ (Klar - es)

1. Deine Nase, deine Augen und dein Mund, sie lachen, sie lachen

deine Fingerchen, du streckst sie, machst sie rund, beim Schlafen, beim Wachen

Auf dir ruhe - Gottes Segen, Er möge - dich tragen
Jesu Geist – auf deinen Wegen, An all deinen Tagen
- sei er bei dir!

2. Klares Wasser spült die Staubschicht von dem Stein - Am Morgen, am Morgen / Durch das Wasser deiner Taufe wirst du rein. - Geborgen, geborgen

3. Herr, wir bringen (#) heut zu Dir - Du bist da, Du bist da / Das Zuhause ihrer / seiner Seele, das ist hier, - Himmelnah, himmelnah.

Im letzten Vers werden die konkreten Namen eingesetzt.

Traditionelle Babytaufe in Fischbachau / Oberbayern.

5   Die Berufung des Petrus

Je - sus kam einst an den Strand, wo auch
schon der Pet - rus stand. Und gar vie - le Fi - scher -
leu - te mit den Net - zen oh - ne Beu - te. Sag mal
an sag mal an: Was hat Je - sus dann ge -

1.
tan? Sag mal
2.
tan?

14

1. Jesus kam einst an den Strand, wo auch schon der Petrus stand. Und gar viele Fischerleute mit den Netzen ohne Beute.

Refrain: Sag mal an, sag mal an, was hat Jesus dann getan?

2. Jesus hielt den Petrus an, sagte: Nimm mich mit im Kahn! Lass uns gleich mal Fischen geh'n, denn das Wetter ist so schön.

3. Petrus sagte: Guter Mann, das ham' wir schon heut' Nacht getan. Deinetwegen woll'n wir's wagen, doch du darfst dich nicht beklagen.

4. Also fuhren sie hinaus, warfen ihre Netze aus. Und dann zogen sie sie ein, doch ihr Boot war viel zu klein.

5. Als die Fisch' an Land gebracht, kniete Petrus und er sprach: Jesus! Karpfen, Barben, Flunder: So viele Fische sind ein Wunder!

6. Jesus hob den Arm und sprach: Lieber Petrus, folg mir nach! Hast du mich auch wirklich gern, dann fisch Menschen für den Herrn.

Ich schrieb das Lied spontan bei einer Bibelwoche während eines volksmissionarischen Studien-Praktikums in Mainbernheim, wo ich für die Kinder etwas machen sollte.

Welches Tau verbindet Himmel und Erde so, dass es die Differenz überbrückt? Der Glaube.

Nota Bene: Die Barben im See Genezareth heißen „Petrusfisch" (*tilapia galilaea* artedi). Diese Barbe zeichnet eine beeindruckende Rückenflosse aus. Sie wird bis zu 40 cm lang und wiegt bis zu 1,5 kg.

Wohin geht es aus dem dunklen Tunnel? Ist es eine biographische Episode mit einer neuen Hoffnung? Oder ist es der Tod mit einer Öffnung wie dem Geburtskanal? Es geht ins Friedliche, es geht in die Idylle.

6 Die Füchse: Zukunft liegt nicht in der Vergangenheit

CEaF d G / CEaF d G a d Ref: C C7 F f/ d E7 a A

1. Die freien Füchse streifen durch die Wälder, finden Zuflucht in ihrem Bau. Doch wenn du dich um dein Zuhause sorgst, wird der helle Himmel grau… / Die Vögel unter off'nem Himmel sind durch Ländergrenzen nicht gebunden, doch wenn sie sich ihre Nester bau'n, werden sie vom Feind schon leicht gefunden…

Wer die goldene Vergangenheit als Zukunft sich erträumt, hat die Gegenwart, die auf ihn zu kommt, hoffnungslos versäumt.

2. Wenn der Bauer pflügt und schaut zurück zu dem Haus, aus dem er heut - morgens ging, und bei der Arbeit sich auf sein Abendbier schon freut, / pflügt er vorwärts rückwärts denkend krumme Furchen, in blinder Fahrt… Wer die Vergangenheit als Zukunft wähnt, verliert die Gegenwart

3. Die Störche auf den Kirchendächern brüten klappernd ihre Jungen aus. Doch wenn sie die Ferne ruft, verlassen sie das Kirchenhaus. / Wer die Freiheit gegen Sicherheit tauscht, verliert wie Hans im Glück das pure Leben: Lass die Toten ihre Toten begraben, so verdorren ihre Reben.

7 Die Sonne steht am Himmel

Die Son-ne steht am Him-mel, leucht - tet ü - ber al - le
Welt. Wir spü - ren wie die Wär - me al - les Le - ben hier er -
hält. Gott ist wie die Son-ne,____ die wir am Him - mel
seh'n. Sei - ne Lie - be wärmt die Her - zen, läßt uns gu - te We - ge
geh'n. Am Rand des We - ges sah einst
Je - sus ei - nen Blin - den____ Er strich ihm auf die Au - gen. Da
sah der kran - ke Mann. Sein Licht in uns - ren Her - zen läßt
neu - e We - ge fin - den.. Für den, der ihm be - geg - net fängt
neu - es Le - ben an.

Refrain: Die Sonne steht am Himmel, leuchtet über alle Welt. Wir spüren wie die Wärme alles Leben hier erhält. / Gott ist wie die **Son**ne, die wir am Himmel sehn. Seine Liebe wärmt die Herzen, lässt uns gute Wege geh'n.

1) Am Rand des Weges sah einst Jesus einen Blinden. Er strich ihm auf die Augen. Da sah der kranke Mann.
Sein Licht in unsren Herzen lässt neue Wege finden. Für den, der ihm begegnet fängt neues Leben an.

2) In dieser Welt lebt ihr in Angst, ob Kind, ob Frau, ob Mann. Ihr fühlt euch hilflos, denn das Böse paart sich mit der Macht.
Der Glaube kann euch stärken: das Kreuz des Herrn schaut an; denn dort erfuhr Gott selbst die Tiefe eurer Nacht.

3) In unserm Leben gibt es Wege, wo wir nichts mehr sehn./ Die Seele ist verdunkelt, das Herz ist traurig-schwer.
In stillen Worten können wir dann zu Jesus gehn, die Dunkelheit ihm anvertrauen; das Licht der Welt ist er.

4) Ihr seid das Licht der Welt, sagt Jesus seinen Freunden./ Ein Licht zeigt neue Wege, ein Licht weckt neuen Mut.
Ein Zeichen der Versöhnung, die Brücke zwischen Feinden, weil auf dem Licht der Welt der Segen Jesu ruht.

Hier erfüllt sich der Wille des göttlichen Vaters, meint Jesus: wie beim „Barmherzigen Samariter".

8 Die Verleugnung des Petrus

Als Je - sus fest - ge - nom - men war, zer -
streu - te sich die Jün - ger - schar. Nur der ge - treu - e
Pet - rus schlich den Krie - gern nach, ganz klamm - heim - lich.

Refrain:
Pe - trus, bist beim Hah - nen - schrei du noch dei - nem
Her - ren treu? O - der leug - nest in Ge - fahr
du, dass er dein Mei - ster war.

1. Als Jesus festgenommen war, zerstreute sich die Jünger-
   schar. Nur der getreue Petrus schlich den Kriegern nach
   ganz klammheimlich.

Refrain: **Petrus, bist beim Hahnenschrei du noch deinem
Herren treu? Oder leugnest in Gefahr du, dass er dein
Meister war?**

2. In einem dunklen Hof bei Nacht, da hat ihn eine Magd gefragt: Warst du nicht bei dem Jesus dort und zogst mit ihm
   von Ort zu Ort?

3. Den Petrus lässt der Mut im Stich, er zittert schon ganz
   fürchterlich. Er senkt die Augen und er spricht: "Den Jesus, nein, den kenn' ich nicht."

4. Es dauert nun mehr keine Stunde, da fragt ein andrer in der
   Runde: "Warst du nicht auch ein Jesusschüler?" Dem
   Petrus wird es immer schwüler.

5. Der Petrus leugnet und er spricht: "Den Jesus, nein, den
   kenn' ich nicht." Dann packt ihn großes Unbehagen: Er
   hört zum dritten Male fragen:..."

6. Ein alter Knecht sieht Petrus steh'n und sagt: "Ich hab euch
   zwei geseh'n." Der Petrus schwört und hebt die Hand:
   "Der ist mir völlig unbekannt."

7. Kaum ist das Wort aus seinem Mund, schon kräht der Hahn
   zur Morgenstund'. Da zittert Petrus mit den Beinen und er
   fängt bitter an zu weinen.

9 Dr. Schweitzer und der Gottessohn

Ref: Albert Schweitzer war ein Pfarrersohn, der suchte nach dem Gotteslohn. Ihm war klar, was Glaube heißt: Die Bruderschaft zwischen Hand und Geist.

1. So fuhr er, als er Arzt und Pfarrer war, nach Afrika, ins schwarze Land, Wo er mit einer Helferschar viele (E) Kranke und Arme fand.

2. Er rodete Urwald für sein Spital, nahm Kranke auf, wen auch immer. Er heilte von Lepra und Fieberqual, im Urwald glühte ein Hoffnungsschimmer.

3. So wirkte er, Jesu Liebe verbreitend, die Taten sprachen, die Augen auch. „Ehrfurcht vor dem Leben" war weltweit zu hören – und in Lambarene stieg wieder der Rauch.

Siehe auch das für eine Kindergruppe geschriebene Mit-Sing-Lied „Urwaldarzt Albert Schweitzer". Obiges Lied stammt ursprünglich von 1976 und beruht mehr auf Emotionen als auf Wissen.

Albert Schweitzer im Urwald

10 Dr. Schweitzer war ein toller Mann

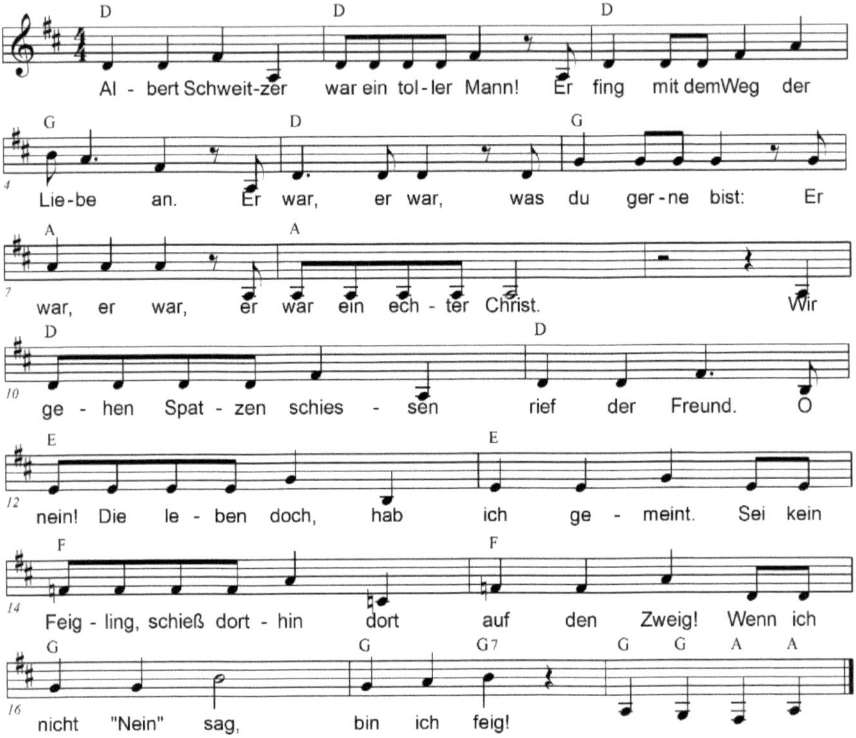
D D D
Al - bert Schweit-zer war ein tol-ler Mann! Er fing mit dem Weg der
G D G
Lie-be an. Er war, er war, was du ger-ne bist: Er
A A
war, er war, er war ein ech - ter Christ. Wir
D D
ge - hen Spat - zen schies - sen rief der Freund. O
E E
nein! Die le - ben doch, hab ich ge - meint. Sei kein
F F
Feig - ling, schieß dort - hin dort auf den Zweig! Wenn ich
G G G7 G G A A
nicht "Nein" sag, bin ich feig!

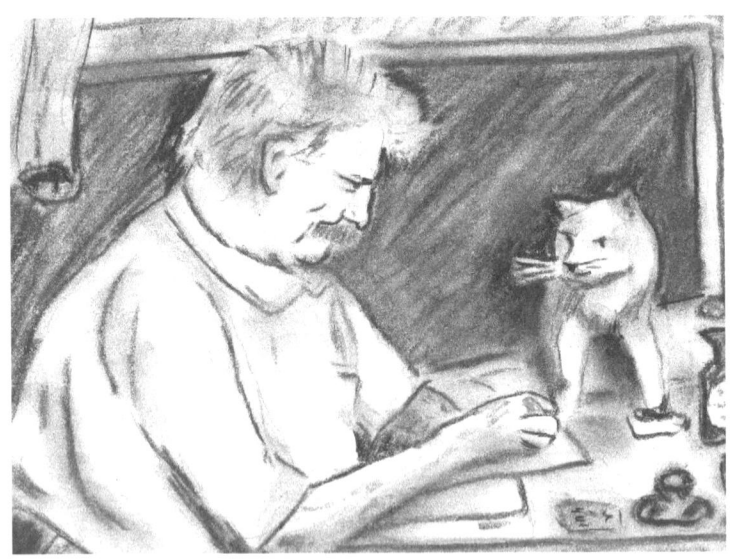

Albert Schweitzer war ein toller Mann,
er fing mit dem Weg der Liebe an...
Er war, er war, was du gerne bist,
Er war, er war, er war ein echter Christ.

Wir gehen Spatzen schießen, rief der Freund
O nein, die leben doch, hab ich gemeint....
Sei kein Feigling, schieß dorthin, dort auf den Zweig!
Wenn ich nicht Nein schrei, bin ich feig!!!

Der Sieger war ich, der Verlierer schimpft mich „Puppe",
ein Herrenbüble wär ich, kriegte kräftige Suppe.
Meine Kraft verdankt' ich nur meinem reichen Vater
Mein Sieg sei ungerecht, nur billiges Theater...."

Im Urwald, da baute ich mein Spital
Zu lindern Hoffnungslosigkeit und Qual
Für andre war Schwarzafrika nicht interessant
Für mich wurde es zum gelobten Land.

Ich fuhr auf dem Ogowe, zwischen Wasser und Wald
Und Worte der Weisheit gewannen Gestalt
Eine Flußpferdherde ließ den Strom erbeben
Da erbebte mein Herz: „Ehrfurcht vor dem Leben!"

Es war auf einer solchen Flussfahrt auf dem Ogowe, als Schweitzer seine ethische
Erkenntnis „Ehrfurcht vor dem Leben" hatte.

11 Es ist jetzt an der Zeit

D/A/e/D

Es ist, es ist jetzt an der Zeit:/ Gerechtigkeit, Gerechtigkeit.
Der Weg der Seligen ist weit:/ Gerechtigkeit, Gerechtigkeit.

1) O Mensch, o Mensch, bist du bereit/ Gerechtigkeit, Gerech-
tigkeit/ Jesus nennt es Seligkeit/ Gerechtigkeit, Gerechtigkeit

2) Friede! Friede? Es herrscht Streit:/ Gerechtigkeit, Gerechtigkeit / Eine Welt? Sie ist entzweit:/ Gerechtigkeit, Gerechtigkeit

3) Wohlstand herrscht? Zufriedenheit?/ Gerechtigkeit, Gerechtigkeit / Volle Konten, trotzdem Neid:/ Gerechtigkeit,
Gerechtigkeit

4) Macht sich bei euch Sattheit breit?/ Gerechtigkeit, Gerechtigkeit / Selig, die ihr seht das Leid:/ Gerechtigkeit, Gerechtigkeit.

Christ hinter Gittern: Martin-Luther King

12 Frei sein sollt ihr, frei (Mose und Exodus)

G H CDG // G H CDG / E a F C // E a F A7

**Frei sein sollt ihr, frei - lautet Gottes Wort
Denn ich bin euch treu, jeden Morgen neu –
bin bei dir vor Ort...**

1 Unter <u>sengender</u> Sonne als Sklaven hat Pharao Israel ge-drückt. Sie sehnten sich nach Freiheit, Gott hat ihnen Moses geschickt .

2 Bei den Pyramiden stöhnt ein Mann, der Aufseher peitschte ihn. Mose erschlug den Aufseher, doch dann musste er flieh'n.

3 In der Wüste bei der Oase sah Mose einen Busch, der brannte. Er hörte Gottes Stimme, der sich bei ihm JHWH nannte.

4 Beim Pharao forderte Mose: Lass die Hebräer geh'n. Doch Pharao lachte hart: ich will euch schuften sehn.

5 Gott strafte ihn mit Plagen: Lass mein Volk endlich zieh'n! Nach dem Passah mit Lamm und Brot - konnte Israel dann flieh'n.

Das Wandbild entwarf ich 1968 für die Auferstehungskirche in Schweinfurt (Gulbransson-Kirche, Backstein). Es wurde aber nie realisiert… ;)

13 Frieden Frieden Frieden

Frie - den, Frie - den, Frie - den singt das gan - ze Land.
Frie - den, Frie - den, Frie - den Frie - den singt das Land.

Strophe

Un - term Re - gen - bo - gen bun - te Wie - sen wie - gen
in den kla - ren Au - gen_ wei - ße Tau - ben flie - gen.

GDC CDG GDC CDG / GeaD

1. (G) Unterm Regenbogen – (e) bunte Wiesen wiegen. (a) In den klaren Augen – (D weiße Tauben fliegen.

2. Blütenblätter segeln, warm erstrahlen Wände. Auf den Straßen geben – Freunde sich die Hände…

3. Will der Böse siegen, sprecht zu seiner Mutter: Willst du wirklich so ein Kind, ein Kind wie Hitlers Bruder?

4. Will der Böse siegen, fragt online seine Kinder: Wollt ihr so ein Vaterherz eiskalt wie 100 Winter?

5. Dombaumeisters Glocken läuten laut zur Mittagszeit In Kirchen in Europa - es ist wieder mal so weit.

6. Es birst die Dresdner Kirche: Keine Himmelsmacht erscheint. Es stirbt der Allzwecksoldat, - noch eine Mutter weint.

Die letzten vier Strophen entstanden angesichts des Angriffs von Putin auf die Ukraine. Daher hieß es in der 4. Strophe zunächst: „eiskalt wie Russlands Winter".

Krieg, Tod und Versöhnung.

31

14 Gestern ging ich wieder an dem alten Haus vorbei …

Gestern ging ich wie-der an dem al-ten Haus vor-bei. Du er-in-nerst dich, es ist schon lan-ge her. Da spiel-ten wir In-dia-ner, wa-ren stolz und her und frei. Wir sind man-ches noch doch si-cher das nicht mehr. Die Ind-ia-ner wa-ren gut, und da-rum gin-gen sie auch drauf. Und die Cow-boys wa-ren schlecht, so dach-ten wir. Und all-mäh-lich geht mir der Ver-gleich mit heu-te glasklar auf: Die Ind-ia-ner das sind wir, die Cow-boys ihr!

1. Gestern ging ich wieder an dem alten Haus vorbei: Du erinnerst dich, es ist schon lange her. Da spielten wir Indianer, waren stolz und hehr und frei. Wir sind manches noch, doch sicher das nicht mehr. Die Indianer waren gut, und darum gingen sie auch drauf. Und die Cowboys waren schlecht, so dachten wir. Und allmählich geht mir der Vergleich mit heute glasklar auf: Die Indianer, das sind wir, die Cowboys ihr.
2. Heute geh ich wieder an dem alten Haus vorbei und ich denke an die längst vergangne Zeit. Es lebt mancher noch von damals, und mischt Weizen neu mit Spreu – und Vergessenheit frisst mein Indianerkleid. Ihr da oben, wir da unten, Sklaven sind wir allemal. Lassen uns von Reden treten, bleiben steh'n. Lange Haare fallen und die Wahrheit wird banal, wenn wir bald mehr schleichen als zu geh'n.
3. Morgen geh ich wieder an dem alten Haus vorbei – und betrachte es wie ein verblichnes Bild. Ringsherum steh'n Trümmerhaufen, teuer und verteufelt neu – mit der Fahrkarte der Zeit, die nicht mehr gilt. Unsre Zeit; sie macht uns ein, wir machen sie und sie macht uns – und so schnell erklingt bei uns kein neues Lied. Unser Chef heißt nicht mehr Adolf, Jens und Luca sind die Jungs. Und wir stolpern zeitkonform in Reih und Glied…

1976 geschrieben, musste ich das Lied 2016 nur leicht überarbeiten. 2022 machte ich noch aus Lukas Luca, um gendergerecht und verwirrend zu sein. Angesagte Namen können beliebig eingesetzt werden, wenn es in den Rhythmus passt.

15 Gott in Raum und Zeit (Weihnachten und Welt)

Ma - ri - a Ma - ri - a was ist bloß los? Ein klei - nes Wun - der wächst in dir und ist bald groß. Jo - seph, Jo - seph, wer hät - te das ge - dacht. Als dein Sohn wird Got - tes Sohn auf die Welt ge - bracht. Von Beth - le - hem her strahlt ein Ba - by - ge - sicht. Und bis in un - ser Wohn - zim - mer leuch - tet sein Licht

Gott ist im - mer da, auch oh - ne Zeit und Raum. Er ist das Sein an sich, und wie ein Le - bens - baum. Er ist in al - lem Klei - nen, ist des Le - bens Kraft, die Macht, die un - er - müd - lich neu - es Le - ben schafft.

Refrain: Maria, Maria, was ist bloß los?
Ein kleines Wunder wächst in dir und ist bald groß.
Joseph, Joseph, wär hätte das gedacht?:
Als dein Sohn wird Gottes Sohn auf die Welt gebracht.
Von Bethlehem her strahlt ein Babygesicht
Und bis in unser Wohnzimmer leuchtet sein Licht.

Gott ist immer da, auch ohne Zeit und Raum.
Er ist das Sein an sich, und wie ein Lebensbaum.
Er ist in allem Kleinen, ist des Lebens Kraft,
die Macht, die unermüdlich neues Leben schafft.

Die konkrete Weihnachtsgeschichte Lk. ist wohl ein Märchen, vielen Bedürfnissen geschuldet. Vermutlich stammte Jesus einfach aus Nazareth. Aber nach meiner Überzeugung zeigte sich Gott in ihm.

Sternengucker auf der Regio-Montanus-Sternwarte in Nürnberg und Mann auf dem Mond mit Laptop. Auf dem Mond ist der Mensch Gott keinen Millimeter näher. Und er ist auch keinen Millimeter weiter von sich selbst weg.
Wenn wir von Gott reden, müssen wir auch andere Dimensionen in den Blick nehmen, etwa das Universum mit seinen naturwissenschaftlichen Erklärungen. Dorthin gehört die Strophe ohne Mythologie.

16 Gott ist die Liebe

Melodie von J.Crüger „Lobet den Herren, alle, die ihn ehren" ; Text orientiert an 1. Kor.13

Lie - be ist freund - lich, nur der Käl - te feind - lich.

Sie zeigt sich of - fen, Läßt im Dunk - eln hof - fen.

Sie wird nicht gaf - fen, und sie muss nicht ra - a - ffen.

Lie - be ist Lie - be!

1. Liebe ist freundlich, nur der Kälte feindlich, sie zeigt sich offen, lässt im Dunkeln hoffen, sie wird nicht gaffen und sie muss nicht raffen. Liebe ist Liebe….

2. Liebe spürt Grenzen, lässt die Augen glänzen, kann sich einfühlen – wird nicht gleich abkühlen, sie muss nicht motzen, und sie muss nicht protzen… Liebe ist Liebe…

3. Liebe sucht Wahrheit, Liebe lebt in Klarheit, scheut dunkle Mächte, findet das Gerechte, sie kann verzeihen, Zukunft kann gedeihen… Liebe ist Liebe…

4. Liebe nährt Leben, Liebe kann vergeben, sie streichelt Hände, hält durch bis ans Ende, Tod muss nachgeben, Liebe bleibt am Leben. Gott ist die Liebe…

17 Gott, deine Liebe ist groß

Gott, dei-ne Lie - be ist groß. Ich fühl mich wohl bei

dir. Gott, dei-ne Lie - be ist groß. Ich

spür dich nah bei mir.

Manch-mal stau - ne ich, was es bei uns al - les

gibt. Die vie - len Men - schen um mich

sind von dir ge - lie - ie - iebt.

Gott, deine Liebe ist groß – ich fühl mich wohl bei dir
Gott, deine Liebe ist groß – ich spür dich nah bei mir

Manchmal staune ich – was es bei uns alles gibt
die vielen Menschen um mich – sind von dir geliebt.

Wenn's mir nicht gut geht – taste ich nach einer Hand
wenn einer zu mir steht – steh ich wie an einer Wand

Hab ich dir heute schon gesagt: Ich habe dich so gern
Dieses sanfte Wort ist in der Nacht ein Stern

18 Grenzenlos: Gottes Reich kennt keine Grenzen

Refrain:

Got-tes Reich kennt kei-ne Gren-zen und auch kei-nen Paß. Nur wer

Gren-zen zieht, der grenzt sich aus. Hier gilt nur die Lie-be,

gilt kein Frem-den-haß. Gleich-heit al-ler Men-schen, das ist Got-tes Maß.

Bunt ge-mischt sind wir zu Gast bei sei-nem Him-mels-schmaus. Nur wer

kei-nen aus-sperrt, kommt in Got-tes Haus.

Vers: Ich

hat-te oft schon Sehn-sucht nach dem Pa - ra - dies

ei-nem Ort, an dem man mich in Ru-he ließ;

sehn-te mich nach Le-ben oh-ne Kampf und oh-ne Streit, doch der

Weg dort-hin ist so un - end - lich weit...

Durch den ehemaligen eisernen Vorhang hoppeln Biker mit einer spanischen Vespa von Deutschland nach Tschechien.

CEa FdG CEa FdG / FGCa FG HBAG // GC GC GC FGG7

Refrain: *Gottes Reich kennt keine Grenzen und auch keinen Paß Nur wer Grenzen zieht, der grenzt sich aus.*
Hier gilt nur die Liebe, gilt kein Fremdenhaß Gleichheit aller Menschen, das ist Gottes Maß.
Bunt gemischt sind wir zu Gast bei seinem Himmelsschmaus.
Nur wer keinen aussperrt, kommt in Gottes Haus.

1. Ich hatte oft schon Sehnsucht nach dem Paradies, einem Ort, an dem man mich in Ruhe ließ. Sehnte mich nach Leben ohne Kampf und ohne Streit. Doch der Weg dorthin ist so unendlich weit.

2. Ich wünsch mir eine Welt, wo es nur Menschen gibt. Denn Gott hat doch in Jesus nicht nur ein Volk geliebt. Ich wünsch mir Hände, die sich zusammentun, und eine Zeit, wo Neid und Zwietracht ruhn.

3. Freiheit ist ein Wort, das klingt unendlich schön. Und ich will das Land meiner Hoffnung sehn. Frieden und Gerechtigkeit im Bruderkuß, und mit aller Streiterei wär' endlich Schluß...

4. "Deutschland den Deutschen!" Zorn trübt Gottes Blick; und er schickt die Scheinchristen nach Deutschland zurück. Deutsche sind Ausländer im Paradies. Dem Himmel ist der deutsche Gott zu fies.

5. Jesus werden wir dereinst im Himmel sehn. Doch die zu ihm stolz als Deutsche gehn, schickt er gleich zurück, damit hat er doch nichts zu tun, die solln in alle Ewigkeit in deutscher Erde ruhn...

„Das Lied entstand, als sich in den 90er Jahren eine gefährliche Ausländerfeindlichkeit in Deutschland breitmachte, die bis zu Gewalttätigkeiten und Mord führte. Das Lied will daran erinnern, daß Gottes Liebe allen gilt und infolgedessen es menschlicher Hochmut ist, sich aufgrund seiner Herkunft für etwas Besseres zu halten. Vermutlich gehört zur Ausländerfeindlichkeit eine schwache Persönlichkeit, die ihre Stärke darin sucht, daß sie andere Menschen schlecht macht. Zum Lied gehörten ursprünglich noch zwei Strophen, die einigermaßen aggressiv auf die Aggressionen der Rechtsradikalen reagieren. Als zeitgeschichtliches Dokument werden sie hier mit abgedruckt." (Begleittext von 1995)
Die Strophen von 1992 habe ich wieder integriert. Damals bildete man Lichterketten und ich trug sichtbar einen Judenstern, um auf der Seite der Verfolgten zu stehen. Merkels „Wir schaffen das!" lag noch in ferner Zukunft.

19 Heiliger Geist, erfüll mein Herz (Pfingsten)

Refrain

Hei - li - ger Geist er - füll' mein Herz!

Hei - li - ger Geist him - mel - wärts! Die

Flam - me dring - e in mich ein,___ lass'

mich von dir be - geis - tert sein!

Strophe

Mein Tag ist so ge - füllt mit al - lem

was sich vor mir türmt. Müh - sam su - che ich den Weg,

der wei - ter führt. Ich will doch al - les schaf - fen, was

heut auf mich ein - stürmt, es___ gibt so viel, das im - mer wie - der

mich be - rührt.

Heiliger Geist… Erfüll mein Herz
Heiliger Geist… Himmelwärts…
Die Flamme dringe… in mich ein…
Lass mich von dir… begeistert sein…

Mein Tag ist so gefüllt mit allem, was sich vor mir türmt.
Mühsam suche ich - den Weg, der weiterführt.
Ich will doch alles schaffen, was heut auf mich einstürmt.
Es gibt so viel das immer wieder mich berührt.

Ich möchte zu mir stehen - und weiß oft nicht wie.
Ich kenne viele Leute und möcht nicht sein wie sie.
Die echte, gute Lösung? Ich finde sie nie…
Ich will mit allem klarkommen, doch ich bin kein Genie.

Tagesschau und Tageszeitung: ich seh, die Welt ist schlecht.
Vielleicht bin ich nicht besser, doch ich wäre es gern.
O Gott, komm in mein Herz, o mache es recht,
Zeig mir den Weg, zeig mir den Stern des Herrn.

Ohne den Heiligen Geist kann niemand erkennen, dass jesus der Heiland ist.
Hier schwebt der Heilige Geist am Heiligen Abend in der Dreieinigkeitskirche in Nürnberg-Gostenhof ein; mitten im säkularen Kontext.

20 Himmelfahrt

♩ = 130

Vers: Als Je- sus auf- er- stan- den war, ver- sam- melt er die Jün- ger- schar. Er sprach von der Ver - hei - ßung, gab ih - nen die An - wei - sung Sie soll - ten in Je- ru - sa - lem blei - ben, bis sein Geist dann käm. Im Geist wollt' er bei ih - nen sein, dann wä - ren sie nicht mehr al- lein.

Refrain: Laßt uns nicht in den Him- mel schau'n, denn Je- sus kommt ja wie - der. Wir woll'n an sei - nem Rei- che bau'n, als Schwe - stern und als Brü - der.

1) Als Jesus auferstanden war, versammelt er die Jünger-schar. Er sprach von der Verheißung, gab ihnen die Anwei-sung: Sie sollten in Jerusalem bleiben, bis sein Geist dann käm'. Im Geist wollt' er bei ihnen sein, dann wären sie nicht mehr allein.

REF. LASST UNS NICHT IN DEN HIMMEL SCHAU'N, DENN JESUS KOMMT JA WIEDER WIR WOLL'N AN SEI-NEM REICHE BAU'N, ALS SCHWESTERN UND ALS BRÜ-DER

2) "Herr Jesus", fragten sie sogleich, "Sag, wann errichtest du dein Reich?" "Das geht euch vorerst gar nichts an!" sprach er. "Fangt mit der Predigt an. Und ziehet durch die ganze Erde, daß die Gemeinde zahlreich werde. Seid meine Zeugen allezeit, damit die ganze Welt sich freut." - REF

3. Er sagte es und ward verschwommen aus ihrer Mitte weg-genommen. Die Jünger sprachen ganz verstört: "Schaut, wie er in den Himmel fährt." Auf einmal standen neben ihnen in weißen Kleidern, ernsten Mienen zwei Männer, sagten: "Liebe Brüder! Seid zuversichtlich: Er kommt wieder."- REF

4. So gingen sie zum Tempel hin, und blieben in Jerusalem. Sie lebten fröhlich dort beisammen und beteten in Jesu Na-men. Amen.

Himmelfahrt als Absturz…

21 Hope and glory

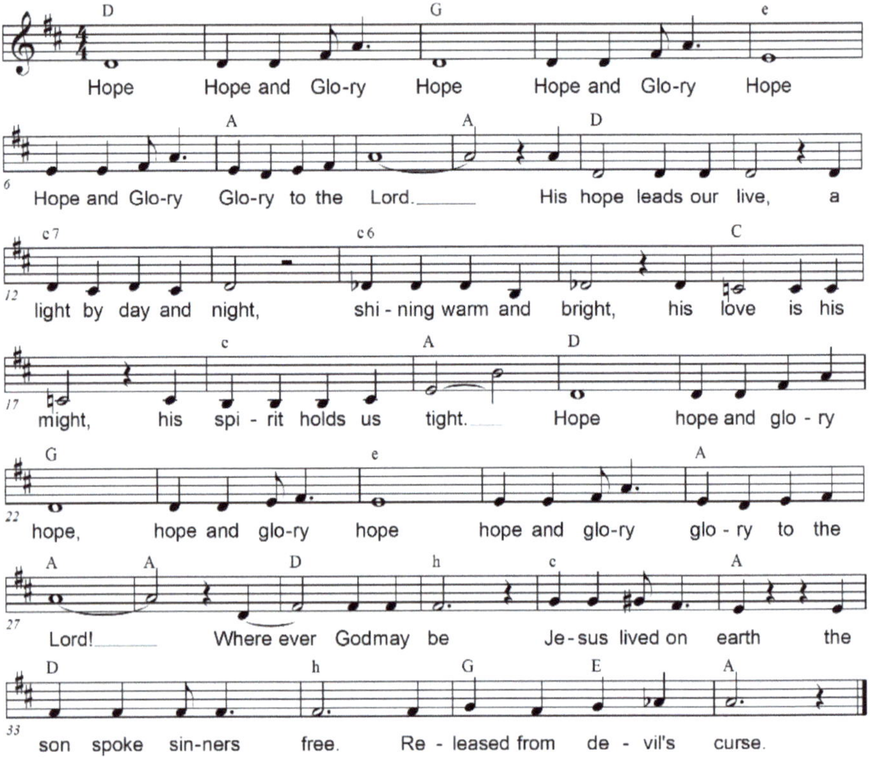
D G e
Hope Hope and Glo-ry Hope Hope and Glo-ry Hope
A A D
6 Hope and Glo-ry Glo-ry to the Lord.___ His hope leads our live, a
c7 c6 C
12 light by day and night, shi - ning warm and bright, his love is his
c A D
17 might, his spi - rit holds us tight.___ Hope hope and glo - ry
G e A
22 hope, hope and glo-ry hope hope and glo-ry glo - ry to the
A A D h c A
27 Lord!___ Where ever Godmay be Je - sus lived on earth the
D h G E A
33 son spoke sin-ners free. Re - leased from de - vil's curse.

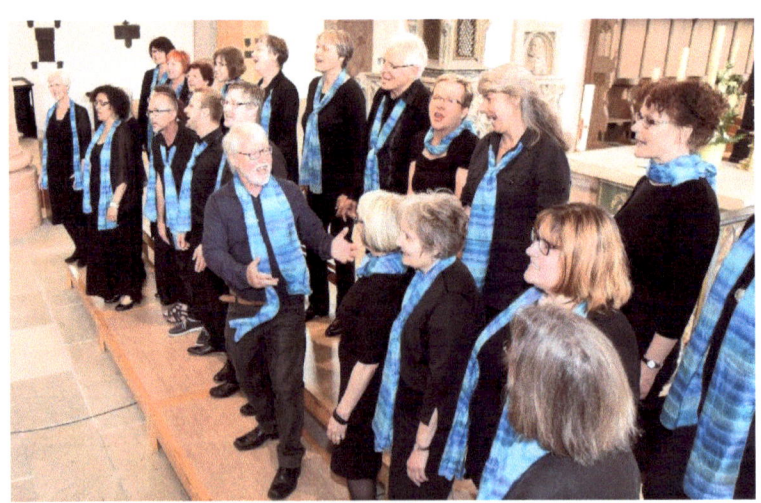

„Mein“ Gospelchor “Hope and Glory”

DGeA... D e7 e6 C e A // DhGA-Dhe A....

Ref: *Hope, Hope and Glory – (3x) Glory to the Lord –*
His Hope leads our live, a light by day and night, shining warm
and bright, his love is his might, his spirit holds us tight
Hope, Hope and Glory – (3x) Glory to the Lord –

1: Whereever God may be: Jesus lived on earth. The son spoke
sinners free, released from devils curse.
Ref.
2. I was feeling down and out – his word grabbed to my heart / I
have to sing out loud: your love is my reward.

Optional: Gesprochen:
Have you heard his word? - Yeah
Do you feel his love? Yeah
Can we get his power? Yeah!
Let us call his name:
Jesus!

Ref.
3. Yes Jesus's got the crown. The choir will lift it's voice: Even in
our town, we all will rejoice!

Optional: Gesprochen:
Have you heard his word? ...

„Have you heard his name?" ruft eine Gruppe oder ein Ein-
zelner, „Yeah!" antwortet die andere Gruppe oder der Rest.

Chorsatz

47

48

Wie sähe das wohl aus, ich in einer winzigen Zelle? Natürlich war ursprünglich kein kleines Männchen drin, aber alle Genformationen, die zu mir führten, von den Generationen, die zu mir führten. Wenn Gott auch in mir ist, weil er überall ist, gehört er dann in meinen Zellkern?

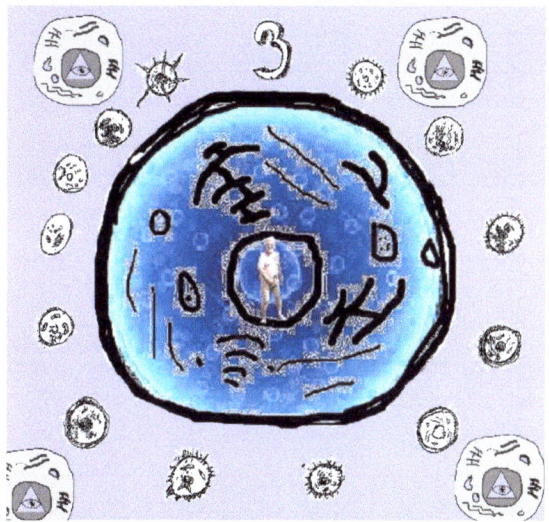

Aus der einen befruchteten Eizelle mit meinen kompletten Geninformationen wurden inzwischen 30 Billionen Zellen, also $3x10^{13}$. Über 300 verschiedene Zellarten entwickelten sich mit mir. Oft genug starben alte Zellen und wurden neue gebildet. Und trotzdem bin ich „ich" geblieben. Oder bin ich „ich geworden"?

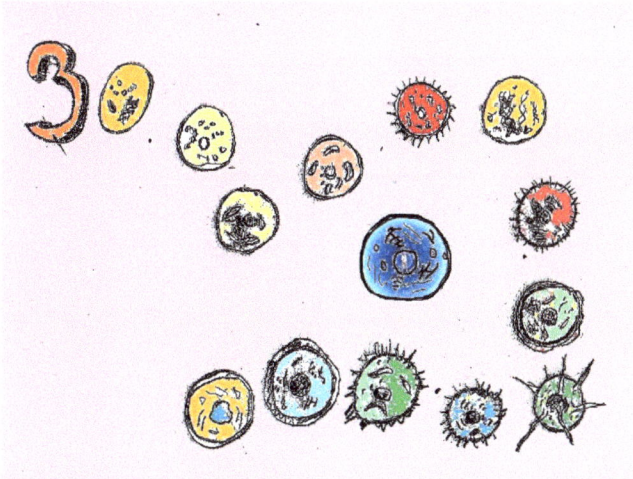

22 Ich bin ein Wunder

Ich bin ein Wun-der, mein Gott, ein Wun-der, in ei-ner win-zig-en Zel-le steckte al-les drin! Ich bin ein Wun-der, mein Gott, dein Wun-der, Ja, mein Gott, ich freu mich, dass ich so bin wie ich bin! Ganz am An-fang? Da war ich ei-ne ein-zel-ne Zel-le, grad ein zehn-tel Mil-li-me-ter, da war echt nicht viel dran! Ein wei-cher Kern, ein biss-chen Plas-ma, ei-ne bieg-sa-me Hül-le. Doch dann fing die Zel-le sich zu tei-len an. Eins, zwei, vier, acht, sech-zehn ging es wei-ter. - Blut- und Ner-ven-bah-nen samt Ver-dau-ungs-trakt. Mei-ne Zell-ver-bän-de wur-den tie-fer, hö-her, brei-ter. Nach drei Wo-chen schlug mein Herz-chen schon den Le-bens-takt.

(GG7G6G) CGCG FdDG / (GG7G6G) C e d G   C e d G

Ref: *Ich bin ein Wunder, mein Gott, ein Wunder,*
in einer winzigen Zelle steckte alles drin.
Ich bin ein Wunder, mein Gott, dein Wunder
Ja, mein Gott, ich freu mich, dass ich so bin wie ich bin.

1. Ganz am Anfang? - Da war ich eine einzelne Zelle
Grad ein Zehntel Millimeter, da war echt nicht viel dran.
Ein weicher Kern, ein bisschen Plasma, eine biegsame Hülle
Doch dann fing die Zelle sich zu teilen an…

Eins, zwei, vier, acht, sechzehn ging es weiter
Blut- und Nervenbahnen samt Verdauungstrakt,
meine Zellverbände wurden tiefer, höher, breiter
nach drei Wochen schlug mein Herzchen schon den Lebens-takt.

2. Muskelzellen, Knochenzellen, Nieren, Magen, Haut
Als ich geboren wurde, strömte Luft in die Lunge
Meine Beine strampelten, ja, ich krähte laut
Und die Eltern fragten: Mädchen oder Junge?

Lieber Gott, wenn ich mir anschau, was ich für ein Wunder bin
So komplex, ich hab's noch gar nicht ganz kapiert
Das steckt alles in der ersten kleinen Zelle drin,
Als **hättest Menschenmacher** du **studiert**.

3. Sehnen, Muskeln, und auch Knochen: ich kann in die Alpen gehn
Meine Hände spüren kalt und warm und fest und weich
Pupille, Netzhaut und ich kann das Universum seh'n…
Und meine Phantasie ist schier unendlich reich.
Die komplexen Musikklänge, die die Luft zu mir weht
Ist ein eignes Universum, das mir sehr gefällt
Wobei diese Welt nur in meinem Kopf entsteht
Mein Nervenschlösschen Hirn ist die wahre Welt.

4. Selbst im Schlaf zieh'n durch den Körper wundersame Zellenwellen
Magen, Rückenmark, Stoffwechsel, mein Blut bringt mir Energie
Wenn ich lachen muss, beteiligen sich hunderttausend Zellen
Diese Wunder der Verwandlungen versteh ich nie.
Die sensiblen Lippennerven spürten einen zarten Kuss
Die Beziehungsspannung ließ meine Hormone sprühn...
Meine Zellen drängen heftig nach der Gene Fluss
Ein neues Leben könnte nun entsteh'n

23 Ich hebe meinen Augen auf zu den Bergen
Ps 121 Ein Wallfahrtslied.

Mei-ne Hil - fe kommt vom Herrn, der Him - mel und Er - de ge - macht hat

1.Ich he - be mei - ne Au - gen auf zu den Ber - gen: Wo - her kommt mir

Hi - il - fe. Mei - ne Hil - fe kommt vom He - errn, der Him - mel und Er - de ge -

macht - hat. 2.Er wird dei - nen Fuß nicht glei - ten las - sen. Und

der dich be - hüt - et schlä - äft nicht. Sie. - he, der Hü - ter Is - ra - els

schläft und schlum - mert nicht. 3.Der Herr be - hü - tet dich. Der

Herr ist dein Schat - ten ü - ber dei - ner rech - ten Ha - a - and. Dass dich des Ta - ges die

Son - ne nicht ste - che noch der Mond des Na - achts.

4.Der Herr be - hü - te dich vor al - lem Ü - bel. Er be -

hü - te dei - ne Se - e - le. Der Herr be - hü - te dei - nen

Aus - gang und Ein - gang. Von nun an bis in E - wig - keit.

Meine Hilfe kommt vom HERRN, der Himmel und Erde gemacht hat.

Ich hebe meine Augen auf zu den Bergen. Woher kommt mir
  Hilfe?
Meine Hilfe kommt vom HERRN, der Himmel und Erde ge-
  macht hat.

Er wird deinen Fuß nicht gleiten lassen, und der dich behütet,
  schläft nicht.
Siehe, der Hüter Israels schläft und schlummert nicht.

Der HERR behütet dich; der HERR ist dein Schatten über deiner rechten Hand,
dass dich des Tages die Sonne nicht steche noch der Mond
  des Nachts.

Der HERR behüte dich vor allem Übel, er behüte deine Seele.
Der HERR behüte deinen Ausgang und Eingang von nun an
  bis in Ewigkeit!

Woher kommt mir Hilfe?

24 Ich lobe meinen Gott bei Tag und Nacht
Boogie für Kantate

Ich lo - be mei-nen Gott bei Tag und Nacht,

denn er hat al-les so wun-der - bar ge-macht.

Ich se - he mir Son - ne Mond und Ster - ne an.

Ich se - he mir den Him-mel so ger - ne an.

Ich fan-ge oft zu sin-gen an: Ja, Gott hat et - was Wun-der ba-res an

mir ge-tan. Hal-le-lu ja Hal-le - lu ja

Hal-le - lu - ja Hal-le - lu - ja

Hal-le-lu - ja Hal-le - lu - ja Hal-le-lu - ja Hal-le - lu - ja Hal-le - lu -

ja - ha - ha - ha Ich ha ha ha ha.

1. Ich lobe meinen Gott bei Tag und Nacht
   Denn er hat alles so wunderschön gemacht.
   Ich sehe mir Sonne, Mond und Sterne an
   Ich sehe mir den Himmel so gerne an
   Ich fange oft zu singen an: Ja, Gott hat etwas Wunderbares
   an mir getan. Halleluja
   Ref: (Immer wieder:) Halleluja Halleluja
2. Ich liebe das Essen, das Trinken und den Schlaf
   An manchen Tagen bin ich frech, an andern brav.
   Ich liebe den Schlaf, das Trinken und das Essen
   Gottes Güte hat mich nicht vergessen.
   Ich fange oft zu singen an: Ja, Gott hat etwas Wunderbares
   an mir getan. Halleluja.
   Ref: Halleluja Halleluja
3. Ja, Gott ist meine Rettung, ich will ihm vertrauen
   Ja, Gott läßt mich zuversichtlich vorwärtsschauen
   Aus ihm schöpf ich Freude wie Wasser aus der Quelle
   Er führt mich aus der Dunkelheit hinauf ins Helle
   Sein Wasser der Freude tut mir so gut, aus meines Schöp-
   fers Quelle schöpf ich immer wieder Mut. Halleluja...

Gotteslob durch Freude am Leben!
„Hallelu Ja" heißt eigentlich: „Hallelu" (Lobet) „Jahwe" (Jahwe, den Gott Abrahams, Isaaks und Jakobs)

25 Ich wär so gerne ich

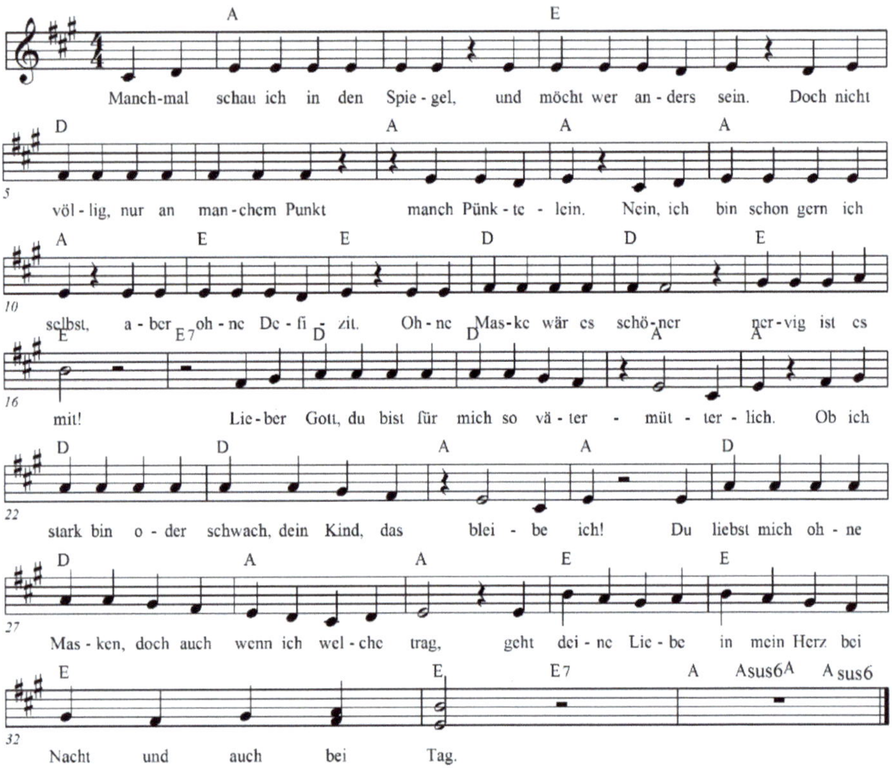
A E
Manch-mal schau ich in den Spie - gel, und möcht wer an - ders sein. Doch nicht
D A A A
völ - lig, nur an man - chem Punkt manch Pünk - te - lein. Nein, ich bin schon gern ich
A E E D D E
selbst, a - ber oh - ne De - fi - zit. Oh - ne Mas - ke wär es schö - ner ner - vig ist es
E E7 D D A A
mit! Lie - ber Gott, du bist für mich so vä - ter - müt - ter - lich. Ob ich
D D A A D
stark bin o - der schwach, dein Kind, das blei - be ich! Du liebst mich oh - ne
D A A E E
Mas - ken, doch auch wenn ich wel - che trag, geht dei - ne Lie - be in mein Herz bei
E E E7 A Asus6 A Asus6
Nacht und auch bei Tag.

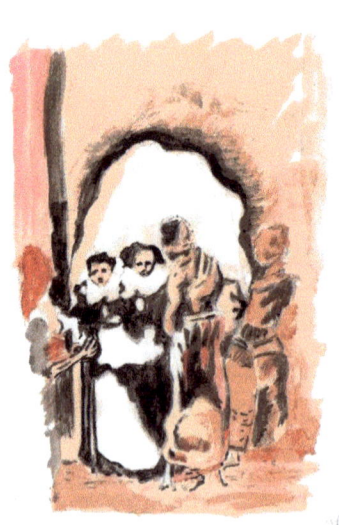

Vexierbild: Porträt oder zwei Mönche?

Manchmal <u>schau</u> ich in den Spiegel und <u>möcht</u> wer anders sein...
Doch nicht <u>völlig</u>, nur an manchem <u>Punkt</u>, manch Pünktelein
Nein, ich <u>bin</u> schon gern ich <u>selbst</u>, aber <u>ohne</u> Defizit.
Ohne <u>Maske</u> wär es schöner, - <u>nervig</u> ist es mit...

Lieber <u>Gott</u>, Du bist für mich so väter-<u>mütter</u>-lich
Ob ich <u>stark</u> bin oder schwach, dein Kind, das <u>bleibe</u> ich
Du <u>liebst</u> mich ohne Masken, doch auch <u>wenn</u> ich welche trag
Geht <u>deine</u> Liebe in mein Herz bei <u>Nacht</u> und auch bei Tag...

Ich <u>schließe</u> meine Augen und <u>frag</u> mich wer ich bin?
<u>Spüren</u> kann ich viel, doch es <u>macht</u> nicht alles Sinn.
<u>Ich</u> schau in den <u>Spiegel</u> und frag: <u>Bin</u> das wirklich ich?
So <u>sehen</u> mich die andern, aber <u>seh'n</u> sie wirklich mich?

Lieber Gott, Du bist für mich so väter-mütter-lich
Ob ich stark bin oder schwach, dein Kind, das bleibe ich
Du liebst mich ohne Masken, doch auch wenn ich welche trag
Geht deine Liebe in mein Herz bei Nacht und auch bei Tag...

Manchmal spür ich Blicke, - die <u>fragend</u> auf mir ruhn'
<u>Und</u> ich frag mich: <u>Was</u> muss ich in <u>dieser</u> Welt so tun?
Manchmal spür ich Blicke, die sind <u>voller</u> Sympathie,
da <u>fühl</u> ich mich als <u>äß'</u> ich eine <u>Schachtel</u> Mon Cherie...

Der Spiegel zerspringt.
Konfirmandin 1878

Abrahamgeschichten: Nachts beim Zelt, Zug in ein fremdes Land, Brunnenstreit zwischen Lot und Abraham, Lösung des Konfliktes.

Der sinkende Petrus; Martin Luther vor dem Kaiser in Worms;

King i m Gefängnis, Bonhoeffer bei der Gestapo, Schweitzer auf dem Atlantik

26 Ich will dir vertrauen (Glaubenszeugen)

Ich will dir ver - trau - en, in mei - nem Her - zen fest. Nichts kann mich er - schüt - tern, wenn du mich glau - ben lässt. Ich geh durch die - ses Le - ben, (x) Oft fehlt mir der Blick. Ich su - che mir ein Vor - bild.___ und ler - ne Stück für Stück. Ich will dir ver - trau - en in mei - nem Her - zen fest.

Hiob und seine Freunde, Wilhelm Löhe

Bodelschwingh vor Bethel; Martin-Luther King, den sein Vater nachträglich nach
Martin Luther benannte, bei Gefangennahme; Wichern; Dietrich Bonhoeffer mit
der Bibel und dem Strick um den Hals.

D h G A / D h G A / G D e A / G D e A / D h G A D (Dauer: 10 Min)

1. Ich will dir vertrauen, in meinem **Herzen** fest. Nichts kann mich erschüttern, wenn du mich glauben läßt. Ich geh durch dieses Leben, oft fehlt mir der Blick... Ich suche mir ein Vorbild und lerne Stück für Stück... Ich will dir vertrauen, in meinem Herzen fest.

2. Ich will dir vertrauen, wie **Abraham** so fest. Nichts kann mich erschüttern, wenn du mich glauben läßt. Bei Nacht sprach Gott zu ihm: Zieh in ein neues Land. Mit Zelten, Knechten, Herden zog er los: Ziel unbekannt... Ich will dir vertrauen, wie Abraham so fest.

3. Ich will dir vertrauen, wie **Hiob** glaubensfest. Nichts kann mich erschüttern, wenn du mich glauben lässt. Er verlor Besitz und Kinder, war in Todesnot, ihn tröstete kein frommes Wort, er rechtete mit Gott. Ich will dir vertrauen, wie Hiob glaubensfest.

4. Ich will dir vertrauen, wie **Mose** glaubensfest. Nichts kann mich erschüttern, wenn du mich glauben lässt. Gott führte ihn durch Meer und Wüste sicher bis ans Ziel, er brachte die Gebote, weil Gott Gutes will... Ich will dir vertrauen, wie Mose glaubensfest.

5. Ich will dir vertrauen, wie **Jeremia** fest. Nichts kann mich erschüttern, wenn du mich glauben lässt. Gott straft die Unterdrücker. Die Macht geht über Leichen! Aus dem Brunnen kündigt Jeremia: Untergang den Reichen. Ich will dir vertrauen, wie Jeremia fest.

6. Ich will dir vertrauen, wie **Levi** glaubensfest. Nichts kann mich erschüttern, wenn du mich glauben lässt. Am Stadtzoll von Kapernaum saß er, der frech betrog. Er staunte, als dein Ruf „Folg mir!" ihn magisch mit dir zog. Ich will dir vertrauen, wie Levi glaubensfest.

7. Ich will dir vertrauen, wie der **Hauptmann** fest. Nichts kann mich erschüttern, wenn du mich glauben lässt. Für den gelähmten Knecht zu Haus trat er zu Jesus und – bat: Wenn du befiehlst, wird mein Knecht gesund. Ich will dir vertrauen, wie der Hauptmann glaubensfest.

8. Ich will dir vertrauen wie die **Syrerin** so fest. Nichts kann mich erschüttern, wenn du mich glauben lässt. Selbst den Vergleich mit Hunden ließ sie über sich ergehn. Als Jesus diesen Glauben sah, war es um ihn gescheh'n. Ich will dir vertrauen wie die Syrerin so fest.

9. Ich will dir vertrauen, wie Simon **Petrus** fest. Nichts kann mich erschüttern, wenn du mich glauben lässt. Er hielt sich für stark, doch sein Glaube hielt nicht stand. Als er selbstzweifelnd unterging, packte Jesus seine Hand. Ich will dir vertrauen, wie Simon Petrus fest.

10. Ich will dir vertrauen wie **Laurentius** so fest. Nichts kann mich erschüttern, wenn du mich glauben lässt. Soldaten droh'n Laurentius: „Der Schatz gehört dem Thron!" „Die Armen sind der Kirche Schatz!" „Verbrennt den Diakon!" Ich will dir vertrauen wie Laurentius so fest.

11. Ich will dir vertrauen, wie **Martin** glaubensfest. Nichts kann mich erschüttern, wenn du mich glauben lässt. Der Reiter hört auf Jesus, verzichtet auf sein Schwert. Er hilft, teilt seinen Mantel, und zeigt: Du bist liebenswert. Ich will dir vertrauen, wie Martin glaubensfest.
12. Ich will dir vertrauen, wie Bruder **Franz** so fest. Nichts kann mich erschüttern, wenn du mich glauben lässt. Vor dem Bischof legt Franziskus seine teuren Kleider ab: Nichts will ich besitzen…, wenn ich nur Jesus hab. Ich will dir vertrauen, wie Bruder Franz so fest.
13. Ich will dir vertrauen, wie **Luther** glaubensfest. Nichts kann mich erschüttern, wenn du mich glauben lässt. Er fand deine Gnade – ließ sie an sich gescheh'n. In Worms drängt ihn der Kaiser, doch er blieb mannhaft steh'n. Ich will dir vertrauen, wie Luther glaubensfest.
14. Ich will dir vertrauen, wie Hinrich **Wichern** fest. Nichts kann mich erschüttern, wenn du mich glauben lässt. Den Jungs, die elternlos auf Hamburgs Straßen schliefen gab er im Rauen Haus echte Perspektiven. Ich will dir vertrauen, wie Hinrich Wichern fest.
15. Ich will dir vertrauen, wie **Löhe** glaubensfest. Nichts kann mich erschüttern, wenn du mich glauben lässt. Der Dorfpfarrer in Franken sucht für junge Frauen Ziele. Er bildet sie als Schwestern aus, sie geh'n in die Familie. Ich will dir vertrauen, wie Löhe glaubensfest.
16. Ich will dir vertrauen, wie **Bodelschwingh** so fest. Nichts kann mich erschüttern, wenn du mich glauben lässt. Für epileptisch Kranke schuf er in Bethel Heimat, den Brüdern der Landstraße bot er ein Schutzformat. Ich will dir vertrauen, wie Bodelschwingh so fest.
17. Ich will dir vertrauen, wie **Dr. Schweitzer** fest. Nichts kann mich erschüttern, wenn du mich glauben lässt. Im Urwald lebten Kranke, die nichts hatten außer Qual; der Pfarrer wurde Arzt und baute ein Spital. Ich will dir vertrauen, wie Dr. Schweitzer fest.
18. Ich will dir vertrauen, wie **Bonhoeffer** so fest. Nichts kann mich erschüttern, wenn du mich glauben lässt. Er stellte sich den Bösen, die Bibel in der Hand! Er starb durch Nazihenker -, doch sein Vertrauen stand. Ich will dir vertrauen, wie Bonhoeffer so fest.
19. Ich will dir vertrauen, wie Pastor **King** so fest. Nichts kann mich erschüttern, wenn du mich glauben lässt. Er sagte klar mit deinem Wort, wie wertvoll jeder ist – dass Hautfarbe nichts gilt, wo du der Herrscher bist. Ich will dir vertrauen, wie Pastor King so fest.
20. Ich will dir vertrauen, so gut ich eben kann. Ich weiß, dass ich kein Held bin, das ist bei mir nicht dran. Ich komm oft ins Zögern, scheue die Gefahr. Da brauche ich Ermutigung von dir, das ist mir klar. Ich will dir vertrauen, so gut ich eben kann.
21. Ich will dir vertrauen, reich mir deine Hand; ja durch meinen Glauben hab ich festen Stand. Familie, Arbeit, Freunde, wo immer ich auch bin: stärk mein Vertrauen in dich, gib mir Halt und Sinn… Ich will dir vertrauen, reich mir deine Hand.

27 Ja, du bist bei mir

Ja du bist bei mir ja du bist bei ei ei ei
mir ja du bist bei ei ei ei ei ei mir ja du bist
ja du bist bei mir. Re - gen trop - fen
blit-zen bunt auf Blät tern und auf Gras. Die Son-ne scheint durch
sie hin - durch und bricht sich wie in Glas. Wär mein Herz ein
Re - gen - trop - fen und du wärst mein Licht. Scheint mein Herz in
bun - ten Far - ben, wenn dein Licht sich bricht. Denn du bist

Ja, du bist bei mir, ja du bist bei mir ja du bist bei mir, ja du bist bei mir....

1. Regentropfen blitzen bunt – auf Blättern und auf Gras.
Die Sonne scheint durch sie hindurch und bricht sich wie in Glas.
Wär mein Herz ein Regentropen –und du wärst das Licht...
Scheint mein Herz in bunten Farben, wenn dein Licht sich bricht... ...denn…

2. <u>Menschen</u> schaun mich reglos an, als schauten sie durch mich
Mit <u>Blicken</u> in die Ferne als <u>wär</u> ich durchsichtig
<u>du</u> schaust nicht durch mich hindurch, denn du bist schon in mir
<u>pochst</u> mit meinem Herz im Takt - bevor ich es verlier

3. <u>Mein</u> Weg rollt sich vor mir auf / als würd er neu entstehn
Der <u>Berg</u> versperrt die weite Sicht. als würd's nicht weitergehn
Du <u>bist</u> auf meinen Wegen wie die Sohle meines Schuhs
Auch <u>wenn</u> ich mich verirre, bist / <u>du</u> bei meinem Fuß.

28 Jesu Stimme – stärker als der Tod: Ostern

Je - su Stim-me ha - be ich in mei - nem Herz ge -
hört. Je - sus lebt, das ha - be ich
tief in mir ge - spürt. Je - sus spricht, ich
blü - he auf wie im Son - nen licht
Je - sus fühl ich nah bei mir wenn der Tag an -
bricht. Je - sus lebt
Stär - ker als der Tod. Je - sus
lebt In der Nacht er - glüht das Mor - gen - rot.

EA EA EH7 c#A EH7 c# H7 E // EHE F#AH EHE F#H

1. Jesu Stimme habe ich in meinem Herz gehört, Jesus lebt, das habe ich – tief in mir gespürt. Jesus spricht, ich blühe auf, wie im Sonnenlicht. Jesus fühl ich nah bei mir, wenn der Tag anbricht.

Je-sus lebt! Stärker als der Tod. Jesus lebt!
In der Nacht erglüht das Morgenrot…

2. Als das Grab geschlossen war – schien alles still zu steh'n
Gottes Mund schwieg schwarz… kein Lichtstrahl war zu seh'n
Die Frauen sehn: Der Stein ist weg und offen ist das Grab
kein Stern, kein Stein, kein Baum erzählt, was sich hier begab

3. Auch in unsrer Winterzeit scheint Gott wie tot zu sein
Menschenmacht und Menschentat bringen Angst und Pein
doch spüren wir die Osterkraft – die Jesus in uns weckt
bringt in unsre Dürre Kraft – wie sie im Samen steckt…

2021: In der Zeit der Pandemie schien das Virus der Stein vor dem Grab zu sein, der Stein, der die Hoffnung gefangen hielt.

29 Jesus in GoHo

In der Fürt-her Stras-se fuhr die er-ste Ei-senbahn. Kein Zwei-fel, hier kommt

Je - sus an._____ Er kommt um fünf, der

Him - mel strahlt blau Die Am pel lockt grün, doch

er steht im Stau... Es zieht ihn nicht zum Plär-rer, dort ist es zu

laut. Er will ja re - den, und zwar in Go - ho.

Mal dort - hin geh'n, wo sich nachts kaum ei - ner traut, als

wär's die Un - ter - welt von So ho. In den Knei - pen blüht das

Le - ben, da fühlt er sich wohl, Gott sei Dank wird er dort

nicht er - kannt. In Gos - ten - hof füllt ma's Seid - la eich-strich voll, sind die

Kell - ner lie - ber Kum - pels als ga - lant.

Gostenhof Weihnachten 2016

66

FCGC a E F G H7Fa // C G C / C D G (C G C / F C D G

In der Fürther Straße fuhr die **ers**te Eisenbahn
Kein **Zwei**fel, hier kommt **Jesus** an
ER kommt um vier, der Himmel strahlt blau,
Die Ampel lockt grün, doch (G) er H7 steht (F) im (a) Stau....

Es zieht ihn nicht zum Plärrer, dort ist es zu laut.
Er will ja reden, und zwar in Goho.
Mal dorthin gehen, wo sich nachts kaum einer traut.
(D) Als wär's die Unterwelt von Soho.

In den Kneipen brummt das Leben, da fühlt er sich wohl.
Gottseidank wird er dort nicht erkannt.
(F) In Gostenhof füllt ma's Seidla eichstrichvoll.
(D) sind die Kellner lieber Kumpels als galant.

In der Fürther Straße fuhr die **ers**te Eisenbahn.
Kein **Zwei**fel, hier kommt **der Erlöser** an.
ER kommt um fünf, der Himmel strahlt blau,
Die Ampel lockt grün, doch er steht im Stau....

Unser altes Viertel glänzt im Jugendstil
Und die Oma wohnt im fünften Stock.
Die bunten Graffitis schweigen schrill.
Unsre Oma braucht nen Vierpunktstock

Sie kocht einen Tee, Jesu Nähe macht sie munter
er plaudert, doch dann hört er Wutgebrüll.
Er gibt ihr die Hand und steigt zwei Etagen runter.
Er klopft **sacht** und es wird friedlich still.
In der Fürther Straße fuhr die **ers**te Eisenbahn.
Kein **Zwei**fel, hier kommt der **Messias** an.
ER kommt um sechs, der Himmel ist schwarz-blau,
Die Ampel lockt grün, doch er steht im Stau....

Die Mutter sitzt ratlos am leeren Küchentisch.
Jesus streicht ihr übers Haar, das tut so gut...
Den frustrierten Verkäufer macht er wieder frisch.
Den entnervten Schüler packt der Übermut.
(F) In Goho gibt es viel zu tun, auch ohne stille Tage.
Der Kirchturm am Veitstoßplatz wär sein Zeichen.
(F) Bei uns darf Jesus bleiben, das ist keine Frage...
Die dunklen Wolken müssten weichen.
(F) Der Teufel käm gerannt, er wollte auch seinen Teil.
Jetzt ist er gut und brav, na, ist das nicht geil?

29.1 Maria und Jesus auf dem Adventsmarkt in Gostenhof

Adventsstory

Im Himmel: Maria und Jesus unterhalten sich: „Und dieses Jahr, wo gehen wir hin?"

Maria: „Ach, da hab ich eine Kirche, bei der ich auch noch nicht war. Nürnberg. Da soll ein netter Engel erscheinen und Menschen aus Deiner ganzen Welt."

Jesus: „Christkindlesmarkt?"

Maria: „Treffer! Versenkt!"

Jesus: „Okay, in der Noris war ich auch noch nicht. Lass es uns mal probieren."

Anreise per Wolke mit Navi? Im Himmelswagen von sieben Rauschgoldengeln gezogen? Nein, dann doch standesgemäß mit dem Kleinwagen, wie ein Papst.

Sie kutschieren durch die Fürther Straße. Ein paar hundert Meter nach dem Justizpalast ruft Maria: „Jesses! Ein freier Parkplatz!"

Jesus: „Ein Wunder! Hab ich dir's nicht gesagt?! Wo ich bin, passieren Wunder."

Maria zischt nur „Angeber!", dann parkt Jesus ein, rückwärts! Ein Könner eben.

Mutter und Sohn steigen aus.

„Und jetzt? Wohin?"

Jesus: „Keine Ahnung. Lass uns mal jemand fragen."

Maria: „Da drüben sind Lichter und viele Menschen."

Jesus: „Dort bei der Kirche?"

Maria: „Genau"

Bei der Kirche treffen sie Leute in angeregten Gesprächen an Tischchen zwischen ein paar Buden unter adventlicher Beleuchtung. Sie gesellen sich dazu: „Sagt mal, wie kommen wir hier zum Christkindlesmarkt?"

Irritierte Blicke. Ein Mitdreißiger fragt: „Christkindlesmarkt? Masochisten? Das wollt ihr euch antun? Meinetwegen: Immer die Straße lang und dann… oder besser: da drüben in die U-Bahn, bis Lorenzkirche. Dort immer der Masse nach."

Ein behäbiger Mann mischt sich ein: „Kommt, ich spendier' euch einen Glühwein! Hier ist es gemütlicher."

Jesus sagt nicht nein. Maria will alkoholfrei, man weiß ja nie.

Mmh, lecker, so ein Glühweinchen, man könnte sagen: „Himmlisch"

Jesus stupst Maria: „Mama, hast du dein Handy dabei?"

Sie nickt.

„Dann geh doch schon mal vor, ich bleib hier noch ein bisschen. Hier ist es genauso, wie ich es mir wünsche, man trifft sich und redet miteinander...!"

Maria seufzt, sie kennt ihren Jungen. Wenn er bloß nicht wieder mit zwölf Freunden durch die Kneipen zieht! Aber da verwickelt sie die buntgekleidete Nachbarin ins Gespräch und zeigt Verständnis für ihre Sorgen. Nach ein paar „Ich bin die..." „Ich bin die..." „Was machst du so?" wird es persönlicher: „Und, wo ist dein Mann?"

„Ach, der ist noch in der Schreinerei?"

„Schreiner? Wie meiner..." Damit sind die Schreinersfrau aus der Goho und die aus Nazareth voll im Gespräch. Es wird spät. Maria und Jesus quartieren sich mit „Air, B and B" in Gostenhof ein, denn morgen wollen sie ja wiederkommen.

„Wir müssen reden..." Der dritte Teil der Dreieinigkeit.

30 Jesus, - Ja ich kenne den Weg Jesus,

GeCD – eCa / eaDH eaDHCC#D / GA GH AH CD

Refrain: Jesus, - Ja ich kenne den Weg Jesus, - über Schluchten ein Steg / Jesus, - wie ein Licht in der Nacht; Ich hab mich auf den Weg gemacht (Er hat sich auf den Weg gemacht)

1a) Jesus sah den Mann am See Genezareth, die Netze voll mit Schund und Dreck / Der sah ihn an und hat sich umgedreht, für ihn begann der neue Weg.

Refrain:

2) Lausige Zeiten - weiß nicht, was das soll! Lausige Typen - ihr Lachen klingt hohl / Lausige Ziele, - zu schad für die Zeit. Lausige Themen - nur Show ist der Streit.

Jesus sah den Mann dort in Kapernaum beim Zoll, betrügend frech und keck / Der sah ihn an und drehte sich dann um; für ihn begann der neue Weg.

Refrain:

3) Lausige Liebe, - zu schade fürs Gefühl. Lausige Waren, - es gibt viel mehr als ich will. /   Lausige Wahrheit, - bietet frech die TeVe-Show. Lausige Songs, - hey baby don't you know

Er sah die Frau vor einem Brunnen stehn; vor Jesus fand sie kein Versteck. / Sie sah ihn an, er ließ sie sich verstehn und dann begann der neue Weg.

Refrain:

4) Nur ein armer Fischer - Jesus sagte: Gott braucht dich. Eine haltlose Frau - Jesus sagte: Halte dich an mich /   Ein   gieriger Händler - Jesus sagte: in dir ist ein Schatz. Und ich hör von ihm - für mein Leben: einen Satz

Refrain:

Mensch als Schöpfer: Was kommt da wohl raus?

31 Jesus, ich sage Ja zu dir (Tauf-Rock)

Je-sus, ich sa-ge Ja zu Dir. Ja zu Dir. Herr!

Je-sus, ich sa-ge Ja zu Dir. Und ich weiß, du sagst

Ja zu mir und dein Geist bleibt na-he hier

Je-sus, du liebst mich sehr! Es ist

Was - ser, das uns sau - ber wäscht, a - ber

was macht die See - le rein? Ich bin ge - tauft, ge -

hör zu dir: Du stehst für mich ein! mich

ei - a - ha - ha - ha - ein...

ADEA // h E A f# (E)

Jesus – ich sage „Ja" zu Dir / Jesus – Du bist der Herr
Jesus – Ich sage „Ja" zu Dir, und ich weiß, du sagst Ja zu mir, und
dein Geist bleibt nahe hier - Jesus – du liebst mich sehr...

1. Es ist Wasser, das uns sauber wäscht, aber was macht die
   Seele rein? / Ich bin getauft, gehör' zu dir: du stehst für mich ein.
   --- mich ein.
2. Es ist Feuer, heilige Energie, die tief in meiner Seele brennt
   Dein Geist, die Flamme, treibt mich an, weil deine Kraft mich
   kennt... --- mich kennt
3. Deine Liebe, sie erfüllt mein Herz, umgibt mich Tag und Nacht.
   Dein Wasser, Dein Feuer, dein Heiliger Geist hat mich neu ge-
   macht. --- neu gemacht

32 Jetzt geht es los

GaDG GeaDDG / G e a D

Jetzt geht es los… Wir zählen Eins Zwei Drei
Jetzt geht es los, und Gott ist mit dabei - und Gott ist mit da bei

Wenn wir nach vorne schaun: Der Weg scheint ziemlich lang
Und wären wir allein, dann wär uns angst und bang… 2-3-4

Mal scheint die Sonne hell - Mal ist der Himmel trüb
Mal langsam und mal schnell - Mal ärgerlich, mal lieb 2-3-4

Gott ist bei uns am (hoch) Tag - Und in der dunklen (tief) Nacht
Heut feiert er mit (Mitte) uns - Weil er so gerne (hoch) lacht… 2-3-4

   Das Lied schrieb ich für den Kindergarten von Dreieinigkeit anlässlich
meiner „Installation" als neuer Pfarrer. Die Kinder sangen begeistert mit!

33 Kirchtürme im Nebel

Ich lau-fe durch den Ne - bel, es ist grau in grau verschlossne

Tü - ren. Leu-te hu-schen vor - bei blik-ken auf die Füs - se, wol-len

flie - hen. An den Häu-sern blick ich hoch, er - ken - ne knapp die Re - gen -

rin - nen. Hört der Tag schon auf o - der seh ich ihn ge - ra - de erst be -

gin - nen. Am Veit - Stoß platz zwischen Bäu-men steht die

Kir-che. Und ihr Turm zeigt durch die Wol - ken him - mel wärts. Durch die

Ris - se in den Wol - ken drin-gen Strah-len. Es ist

wen - ig, doch die Son-ne füllt mein Herz. Es gibt Licht, Es gibt

Licht, die - ser Ne - bel äng - stigt mich nicht! Gott gibt

Licht, Gott gibt Licht weil der Os - ter - tag an - bricht!

(geschrieben und per Internet verbreitet
im ersten Corona-Lockdown, als auch
Gottesdienste selbst an Ostern verboten
waren.)

1. Ich laufe <u>durch</u> den Nebel, es ist <u>grau</u> in grau, verschlossne Tü-
ren
   Leute <u>husch</u>en vorbei, blicken <u>auf</u> die Füße, wollen <u>fliehen</u>
   An den Häusern blick ich hoch - erkenne <u>knapp</u> die Regen<u>rin</u>nen
   Hört der <u>Tag</u> schon auf oder <u>seh</u> ich ihn gerade erst be<u>ginn</u>en.
   Refrain
   Am Veitstoßplatz[1] / zwischen Bäumen / steht die Kirche
   Und ihr Turm zeigt durch die Wolken himmelwärts
   Durch die Risse / in den Wolken / dringen Strahlen
   Es ist wenig, doch die Sonne füllt mein Herz.

   Es gibt Licht, es gibt Licht, dieser Nebel ängstigt mich nicht
   Gott gibt Licht, Gott gibt Licht, weil der Ostertag anbricht.

2 Die Ge<u>fahr</u> umgibt uns, sie ist <u>un</u>sichtbar, nicht einmal <u>Nebel</u>
   Leute <u>bring</u>en sie mit, oder <u>ich</u> trage sie … es ist <u>übel</u>
   Ich warte <u>auf</u> den Lichtstrahl, der der <u>Blume</u> in mir Nahrung <u>gibt</u>
   Schon spür <u>ich</u>: das Licht ist tief in <u>mir</u>, weil es mich <u>liebt</u>
   Refrain

Der mit Corona gekrönte Jesus…

---

[1] Dies ist die Version für die Dreieinigkeitskirche. Parallel entstand für die Thomaskirche Nürnberg-Großreuth: „bei den Feldern". Das Lied entstand im ersten
Corona-Lockdown 2020 in der Osterzeit und versucht, die seltsame Stimmung
aufzugreifen.

34 Kreuz und Hohn

Es flak - ker - te das Feu - er, als
je - mand Pet - trus frag-te, ob er denn Je - sus
ken - ne, und er sich nichts mehr wag - te. Wie
oft schon hört ich Häh - ne am frü - hen Mor - gen
kräh'n. Und sah ge - stand - ne Män - ner zu
ih - rem Wort nicht steh'n! Kö - nigs - blut am
Kreuz, das Wah - re un - ter - liegt! Der
Es - sig sei dein Wein! Das Schwa-che hat ge - siegt!

Es flackerte das Feuer – als jemand Petrus fragte,
ob er denn Jesus kenne – und er sich nichts mehr wagte…
Wie oft schon hört ich Hähne – am frühen Morgen kräh'n
und sah gestandne Männer – zu ihrem Wort nicht steh'n…

Kehrvers: Königsblut am Kreuz – das Wahre unterliegt.
Der Essig sei dein Wein – das Schwache hat gesiegt…

Jodeln hört' Pilatus– als er auf Jesus wies:
Seht, da steht ein Mensch – Die Menge johlte fies…
Wie oft schon hört ich Massen – die als Erlöser priesen
den, <u>den</u> sie dann bespuckten – und in den Abgrund stießen…

Es lachten junge Männer: „Komm zeig uns deinen Gott!
Du König auf dem Holzthron – der hol dich vom Schafott!"
Wie oft lacht böser Pöbel – wird stark nur durch die Gruppe,
Lacht hämisch über Gute… Das Böse siegt als Truppe.

35 Laterne, komm geh mit mir

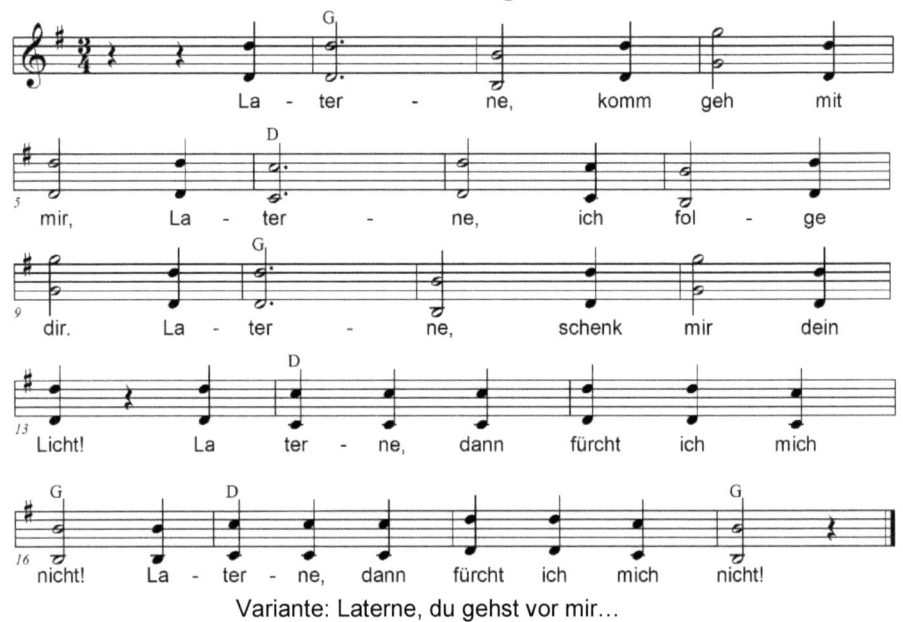

La - ter - ne, komm geh mit
mir, La - ter - ne, ich fol - ge
dir. La - ter - ne, schenk mir dein
Licht! La ter - ne, dann fürcht ich mich
nicht! La - ter - ne, dann fürcht ich mich nicht!

Variante: Laterne, du gehst vor mir...

Das nächste Lied verfasste ich für den Jugendkirchentag in Nürnberg: „Machet die Tore weit." Angesichts der imposanten Stadtmauer von Nürnberg mit ihren Toren ist das sehr anschaulich und kann einen an Jesu Einzug in Jerusalem erinnern.

Aber was bewirken geöffnete Türen, wenn niemand kommt?

Tore in Nürnberg

36 Machet die Tore weit

Ma - chet, ma - chet die To - re weit La - chet
zeigt euch in Of - fen-heit in Got - tes Reich herrscht
Fröh - lich - keit: drum ma - chet, macht die To - re weit
Zeit für Be - weg - lich - keit Zeit für Ver -
träg - lich - keit Zeit für Licht und Hel - le Zeit für
dich und dei - ne See - le.

CFDG EaFG C // CaFG CaFdG

1. Machet, machet die Tore weit. Lachet, zeigt euch in Offenheit. In Gottes Reich herrscht Fröhlichkeit. Drum machet, macht die Tore weit....

(Interludium:) Zeit für Beweglichkeit, Zeit für Verträglichkeit, Zeit für Licht und Helle, Zeit für dich und deine Seele.

2. Machet, machet die Herzen weich. Machet euch selbst zum Himmelreich. Die Liebe ist des Himmels Zeit. Drum machet, macht die Tore weit.

(Interludium:) Weit in Freigebigkeit, weit auch in Freundlichkeit, weit für Herzgefühle, weit für die Flügel deiner Seele.

3. Machet, machet die Herzen weit. Lachet, singt und seid bereit - für Gott bei uns in unserer Zeit. Drum machet, macht die Tore weit...

Auf einem Esel kommt der Gottessohn… auch durch das Stadttor.

37 Mitten unter Menschen

Ein Hir - te hat sich auf den Weg ge-macht. Er woll - te gleich der Er - ste sein— — Ein Bo - te Got - tes hat - te es zum ihm ge-sagt Geh in das näch - ste Dorf hin - ein. — Mit - ten un - ter Men - schen, mit - ten un - ter Tie - ren, wo ein E - sel sei-nen Ha - fer frißt, hat Gott sich ver - steckt, hat Gott sich ge-zeigt, als ein klei - nes Kind, das hilf - los arg - los ist.

Ende: rit.

als ein klei - nes Kind, das hilf - los arg - los ist.

1. Ein <u>Hirte</u> hat sich <u>auf</u> den Weg gemacht, er <u>wollte</u> gleich der <u>erste</u> sein: Ein <u>Bote</u> Gottes <u>hatte</u> es zu <u>ihm</u> gesagt: Geh in das nächste Dorf hinein…

Mitten unter Menschen, mitten unter Tieren, wo ein Esel seinen Hafer frisst, hat Gott sich versteckt, hat Gott sich gezeigt: als ein kleines Kind, das hilflos arglos ist.

2. Wo <u>find</u> ich Gott im Dorf in dieser Nacht? Wohnt <u>er</u> in einem Königshaus? / Zu <u>Gott</u> gehören Ehre, Anseh'n, Macht und Pracht - Der <u>Hirte</u> kennt sich nicht mehr aus…
3. Er hört <u>hin</u>ter einer Tür ein Baby schrei'n - und <u>denkt</u>: da schau ich gleich mal hin… / sieht <u>Mann</u> und Frau und o-ho-hoo, ganz winzig klein: Ein <u>Bube</u> in der Krippe drin…
4. Wie <u>heißt</u> er denn der Kleine, fragt der <u>Hirte</u> leis, <u>Maria</u> flüstert, dass es Jesus ist./ Da <u>spürt</u> der Hirt sein <u>Herz</u> in dieser <u>Nacht</u> auf einmal heiß - als hätt die Sonne ihn geküsst.

Altarbild mit Weihnachten (Gott kommt auf die Erde), Ostern (das Grab bricht auf) und Pfingsten (der Geist kommt auf die Menschen)

38 Paulus

Sau - lus! Wa - rum ver - folgst du mich?! Sau - lus! Komm, be -
keh - re dich! Je - sus! Was hab ich nur ge - tan? Hab Er -
bar - men und fang mit mir was Neu - es an! Nach Da -
mas - kus zieht ei - ne Kar - a - wa - ne durch den weis - sen Wüs - ten -
sand. Wil - de Män - ner auf Ka - me - len tra - ben
durch das heis - se dür - re Land. Sau - lus
heißt der jun - ge Füh - rer und in sei - ner Sat - tel - ta - sche steckt ein
Brief, der ganz ge - fähr - lich ist, und den er nach Da - mas - kus trägt.

Ref: Saulus! Warum verfolgst du mich? Saulus! Komm bekehre dich! Jesus, was hab ich nur getan? Hab Erbarmen und fang mit mir was Neues an!

1) Nach Damaskus zieht eine Karawane durch den weißen Wüstensand. Wilde Männer auf Kamelen traben durch das heiße dürre Land. Saulus heißt der junge Führer und in seiner Satteltasche steckt ein Brief, der ganz gefährlich ist und den er nach Damaskus trägt...

2) In dem Brief steht: Saulus darf verhaften und bestrafen jeden, der sich klar bekennt zu Jesus Christus und zur ganzen jungen Christenschar. Aber mitten in der Wüste, wo die Sonne hart vom Himmel schien, da brach ein Licht auf Saulus ein, er hörte jemand, der rief ihn:....

3) Saulus hieß von nun an Paulus und er war grad wie neugeboren; Jesus hatte ihn geblendet, neues Augenlicht geschenkt und ihn erkoren. Durch die ganze Welt verkündet Paulus: Jesus ist mein Lebensbrot. Wir alle hören es und singen mit und loben unsern Herrn und Gott:

Jesus! Komm, erleuchte mich. Jesus! Ich vertrau auf dich. Jesus! Ich war fern von dir, so komme zu mir, und mach mich mit dir froh....

39 Sag was ist dein Weg

Sag, was ist dein Weg und wo - hin willst du gehn?

Fühlst du dich al - lein und soll je - mand bei dir stehn?

Spür in dich hin - ein und du fin - dest ei - nen Freund in

Je - shu - a von Na - za - reth, der mit dir lacht und mit dir weint. Bei

dem kannst du sein mit dei-nem Dun-kel, dei-nem Licht. Du kannst si-cher sein, der Je-sus, der ver-

lässt dich nicht. Manch-mal steht man wie ge-schla-gen da und

glaubt, man spinnt. Dein Le - ben wirkt auf dich wie ein Ge - spen-ster - la - by-rinth. Du willst

schö-ne Sachen machen. Doch für dich ist da kein Platz, un-ter Ad-lern fühlst du dich so schwach, ehr

wie ein Spatz. Wie soll es wei - ter - gehn, so zer - mar-terst du dein Hirn. Dei - ne

Hoff - nung ist kein Seil, kein Tau, nein lei - der nur ein Zwirn!

EAEHEHE // EF# G# A H H7 E H GG#AA#H

REF: Sag, was ist dein Weg, und wohin willst du geh'n? Fühlst du dich allein und soll jemand bei dir steh'n? Spür in dich hinein und du findest einen Freund in Jeshua von Nazareth, der mit dir lacht und mit dir weint. Bei dem kannst du sein mit deinem Dunkel, deinem Licht. Du kannst sicher sein: Der Jesus, der verlässt dich nicht!

1) Manchmal steht man wie geschlagen da und glaubt, man spinnt. Dein Leben wirkt auf dich wie ein Gespensterlabyrinth. Du willst schöne Sachen machen, doch für dich ist da kein Platz. Unter Adlern fühlst du dich so schwach, ehr wie ein Spatz. Wie soll es weitergeh'n, so zermarterst du dein Hirn. Deine Hoffnung ist kein Seil, kein Tau, nein leider nur ein Zwirn.

2) Die Jungen neben dir sind alle besser dran als du,/ bist du ein Mädchen, sagen alle Leute nur: Du dumme Kuh./ Du wünscht dir einen Weg, mal klug und reich und groß zu sein,/ doch bei allem, was du machst fühlst du dich dumm und arm und klein,/ Ach, wie gut wär jetzt ein Freund, ich mein ein Millionär,/ dann wärst du deine Sorgen los, dann wärst du wirklich (!?) wer!

3) Wenn du mir sagst, ich weiß nicht mehr, wo soll ich hin./ Und dein Leben hat kein Ziel, dein Weg hat keinen Sinn./ Keine Liebe findest du und alles ödet dich bloß an,/ dann sag ich dir, ich kenn das auch, von Mann (Frau) zu Frau, von Mann (Frau) zu Mann./ Aber Jesus kennt die Sorgen, kennt den Ärger, kennt die Wut;/ bei ihm fühl ich mich geborgen, seine Nähe tut mir gut.

4) Hier im Gemeindesaal ist Konfi-unterricht/ das finden manche super, und andre leider nicht/ sie lernen, was die Kirche will, und was Gott so sagt,/ und werden, was ihr Leben soll, persönlich angefragt/ Und eines schönen Sonntags ist dann Konfirmation,/ und was dann? Lauft ihr alle dann davon?

Ein Pfarrer macht Rock ,n Roll bei der Konfirmation. Das war einst eine Sensation!

40 Sankt Martin: Der mit dem Rock rockt …

Siehst Du den Mann mit dem lan-gen Rock? Siehst Du den Mann mit dem lan-gen Rock? Siehst Du den Mann mit dem lan-gen Rock? Er rei-tet ü-ber Stein und Stock! Der Mann, der ist be-stimmt Sol-dat, weil er ein Schwert im Gür-tel hat. Er rei-tet auf dem ho-hen Ross. und je-der merkt das ist der Boss! Mar-tin kommt, ein rech-ter Mann. Mar-tin merkt: Jetzt kommt's drauf an. Mar-tin nimmt sein Schwert, das heilt, als er den war-men Rock zwei-teilt. Ja das hat er gut ge-macht! Der/Mar-tin-nus hieß der Reit-sol-dat, der grad-raus Je-su Wil-len tat. Er dach-te nur: jetzt ist es ei-lig. Mein Man-tel-kleid, das wärm-te frei-lich. Das teil ich und dann ist Sankt Mar-tin hei-lig.

Siehst du den Mann mit dem langen Rock? (3x)
Er reitet - über - Stein und Stock…

Der Mann, der ist bestimmt Soldat
Weil er ein Schwert im Gürtel hat
Er reitet auf dem hohen Ross
Und jeder merkt das ist der Boss:::

Martin kommt, ein rechter Mann
Martin merkt: jetzt kommt's drauf an
Martin nimmt sein Schwert, das heilt
als er den warmen Rock zweiteilt…
Ja, das hat er gut getan….

Der Reiter merkt am Wegesrand
Ein Lumpenbündel liegt im Sand
Das jammert und er sieht auch Blut
Doch ihn verlässt niemals der Mut.

Der Reiter sieht: der Arme friert
Egal was später noch passiert
Der Reiter teilt sein Mantelkleid
Und wärmt den Armen, es war Zeit.

Martinus hieß der Reit-Soldat
Der gradraus Jesu Willen tat…
Er dachte nur: jetzt ist es eilig
Mein Mantelkleid, das wärmte freilich

Das teil ich. Und nun ist St. Martin heilig…

41 Seht da kommt der neue König

Ref:Seht, da kommt der neu - e Kö - nig Ho si an na al le ju beln

laut! Er bringt Frei heit, er bringt Frie - den!

Er macht al - les neu für den, der ihm ver - traut und Ge -

rech - tig - keit ist sei - ne gold - ne Braut.

Vers: Wa - rum kommt er nicht auf ei - nem gros - sen

Pferd. und wo blei - ben sei - ne mäch - ti - gen Sol -

da - ten? So ein klei - ner E - sel ist doch gar nichts

wert! Nur - mit Waf - fen hal - ten Kö - ni - ge die - Staa - ten!

Seht, da kommt der neue König! Hosianna, alle jubeln laut,
Er bringt Freiheit, er bringt Frieden!
Er macht alles neu für den, der ihm vertraut …
und Gerechtigkeit ist seine gold'ne Braut.

Warum kommt er nicht auf einem großen Pferd?
Und wo bleiben seine mächtigen Soldaten?
So ein kleiner Esel ist doch gar nichts wert…
Nur mit Waffen halten Könige die Staaten!

Jesus lacht, als wäre das ein Privileg.
Und er winkt von seinem Esel zu der Menge…
Leute breiten Kleider aus auf seinen Weg,
machen ihm die Bahn frei mitten durchs Gedränge…

Der Messias steigt auf unseren Königsthron.
Er kann Gut und Böse sicher unterscheiden.
Er bringt Frieden, er bringt Freiheit auch zu uns.
Es geht allen gut und keiner muss mehr leiden.

Gewirr der Stadt im Nahen Osten…

42 Sonne, Leben, Jesu Kraft

Son - ne, Le - ben, Je - su Kraft. Son - ne, die das Le - ben schafft.

Licht der Welt durch - bricht die Nacht. Licht der Lie - be drängt nach Macht. Nicht von Ster - nen,

nicht von Mon - den, Gott kommt selbst in die - se Welt. Wo die dun - klen Mäch - te woh - nen

wird die Nacht von ihm er - hellt.

Ein Satz für ein Saxophon-Quartett

Soprano Saxophone
Alto Saxophone
Tenor Saxophone
Baritonsaxophon

94

Ref.: *Sonne, Leben, Jesu Kraft - Sonne, die das Leben schafft.*
Licht der Welt durchbricht die Nacht - Licht der Liebe drängt nach Macht...

1. Nicht von Sternen, nicht von Monden - Gott kommt selbst in diese Welt. Wo die dunklen Mächte wohnten - wird die Nacht von ihm erhellt.
2. Himmel wirkt sich in die Erde - neugewebt im Krippenkind - Hirte neu bei alter Herde - wo die dunklen Tage sind.

Epiphanias: Der Erscheinung Gottes in dieser Welt in Jesus von Nazareth

43 Sternenlied („Wenn du am Abend einsam bist")

Wenn du am A - bend ein - sam bist, schau hi -
nauf zu den Ster - nen. Aus den Fer - nen,. die vie - le
Dich - ter sah'n, kannst du noch man - ches lern -
nen. Wol - ken ver - dek - ken dir manch - mal den Blick in die
schwar - ze Un - end - lich - keit. Du gibst ei - nem
Stern sei - nen Gruß zu - rück, der schon vor lan - ger
Zei - it aus der Tie - fe zu dir ab - ge -
sand, als Bot - schaft der Ver - gang - en - hei - eit und
wei - ter sei - ne Kun - de trägt. Für ihn ist

96

Das Lied entstand am Marmarameer bei unserer Türkeireise im VW-Bus. Tagebuch: „18.8.74 Spät: Aufstehen. Mittags: Eis - Kebab, Sol, Sand, mer. (Buch gelesen) Griff nach den Sternen: Gedicht (*Wenn du am Abend einsam bist...*) - Chili (Knoblauch)" - In diesen Nächten müssen die Tränen des Laurentius intensiv gewesen sein: Wir nächtigten **unter freiem Himmel** und ich sah viele Sternschnuppen. - Außerdem fütterten wir einen angebundenen Schafbock mit Knoblauch, so dass der ganz geil wurde (zumindest interpretierten wir das so).

97

/:CGaF a GCG :/ edGe edG G FCa FGC

1. Wenn du am Abend einsam bist: Schau hinauf zu den Sternen. Aus den Fernen, die viele Dichter sah'n - kannst du noch manches lernen. - Wolken verdecken dir manchmal den Blick in die schwarze Unendlichkeit: Du gibst einem Sternen seien Gruß zurück, der schon vor langer Zeit....

2. Aus der Tiefe zu dir abgesandt - als Botschaft der Vergangenheit - und weiter seine Kunde trägt, für ihn ist immer heut..... Du sitzt am Fenster und die Heimat ist fern - und du singst ein leises Lied. Die Brücke nach Hause ist der Stern und erzieht dich mit sich mit...

3. Du wanderst über weite Wolken, betrachtest die ruhige Welt... du spürst die Ewigkeit kommen, wenn ein Stern vom Himmel fällt - und immer noch wanderst du weiter, dem Ziel, der Heimat zu. (F) Kletterst auf der Sternenleiter und bietest dem All das "Du"....

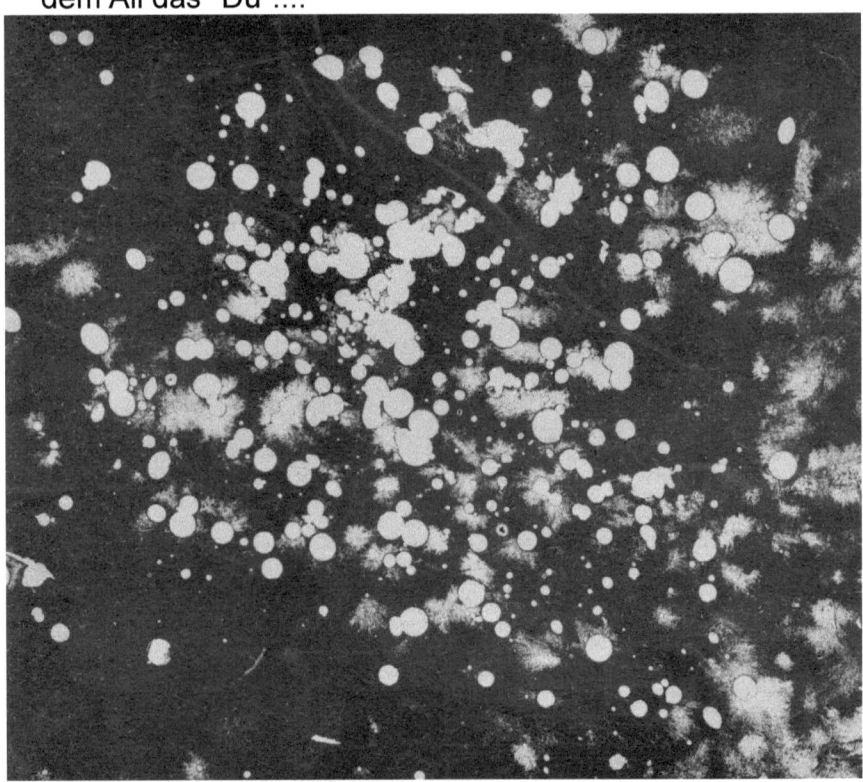

Das Bild gestaltete ich als Titelbild für unsere Schülerzeitung „Zitrone" 1974.
Technik: Wachs und Wasserfarben.

44 Suchet der Stadt Bestes Jer. 29,1

Suchet der Stadt Bestes, ruft uns der Prophet,
Das Beste für die Stadt – damit es allen, allen, allen wohlergeht.

1. Baut Häuser und dann schreibt den Namen auf die Tür.
   Baut Häuser nicht aus Wolkendunst – denn hier denn hier
   lebt ihr.
2. Pflanzt Gärten, esst die Früchte – bleibt bis zur Erntezeit.
   Pflanzt Gärten, und dann hegt und pflegt ihr wechselhaftes
   Kleid.
3. Nehmt Frauen und zeugt Kinder, die Zukunft steckt darin.
   Gebt euren Kindern Gatten, lasst die Gemeinschaft blüh'n.

45 Taizee: Warm ist dein Herz

(Taize)

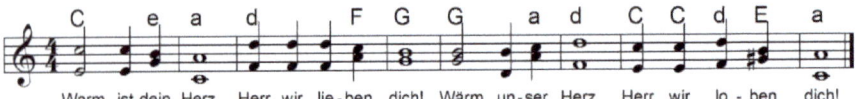

C e a d F G G a d C C d E a
Warm ist dein Herz, Herr, wir lie-ben dich! Wärm un-ser Herz, Herr, wir lo - ben dich!

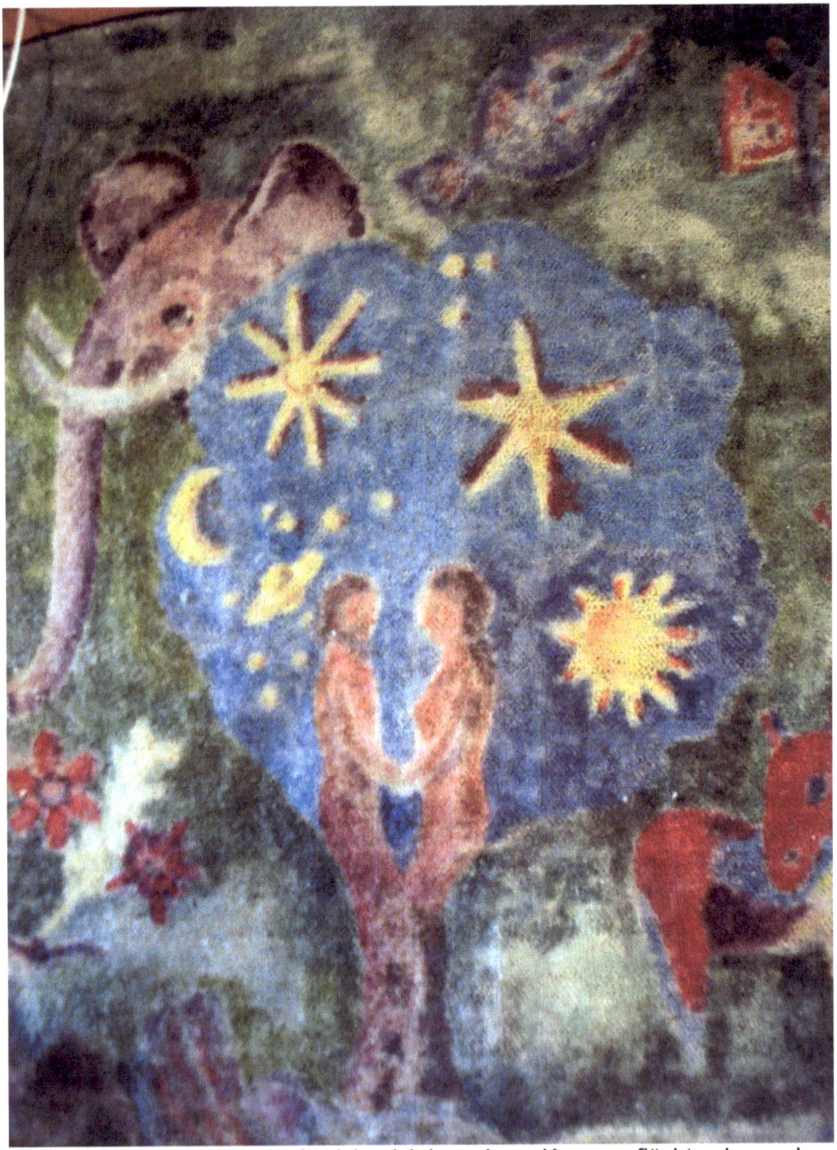

Wo ist das warme Herz, in das ich mich in meinem Kummer flüchten kann, dem ich mich anvertrauen kann? Wo ist das Paradies?

46 Vertrau auf Jesus Christus

Spiritual (Text V. Schoßwald)

Ref.: Vertrau auf – Jesus Christus! Vertrau auf – Jesus Christus! Vertrau auf – Jesus Christus! In ihm liegt Kraft und Mut.

1. Scheint das Gute zu unterliegen, können Reiche den Staat betrügen, können Lügen dich frech besiegen: Keiner bleibt so lang wie ER!
2. Geht der Boden manchmal verloren, weil sich Fragen tief in dich bohren, zittern Worte durch deine Ohren - findest du hier eine Hand.
3. Stehst du manchmal allein im Leben, keiner will dir Gefühle geben, könnte alles um dich erbeben – gibt es Ruhe hier bei ihm.
4. Wenn dich Sorgengedanken packen, sitzt die Furcht dir bereits im Nacken, sehen andre bloß deine Macken – gibt es einen, der dich liebt.

47 Weingärtnerlied (softe Version)

Einst war ein rei - cher Mann, der vie - le Häu - ser
bau - te. Er bau - te ei - ne gan - ze Stadt. Er
rei - ste ab, weil er nach vor - ne schau - te, und
ließ Ver - walt - ern, was er ge - grün - det hat.
Der Herr wird kom-men, zu - rück in sei - ne Stadt Und
was er sieht, er - hitzt sein Ge - müt. Der Herr wird zei-gen,wer
hier das Sa - gen hat. Das eit - le Pack wird seh'n, was ihm
blüht, sie son - nen sich im hoh - len Schein. Zer -
bre - chen wer - den sie an Got - tes Stein!

a F d a a Cd E / a F d Ea a E aEa //
ref: F G C a / FGCE7 / FGCa FGE / FaGC FGG7C FGC

Einst war ein reicher Mann, - der viele Häuser baute
Er baute eine ganze Stadt…
Er reiste ab, weil er - nach vorne schaute
Und ließ Verwaltern, was er gegründet hat

Der Herr wird kommen, zurück in seine Stadt
Und was er sieht, erhitzt sein Gemüt…
Der Herr wird zeigen, wer hier das Sagen hat
Das eitle Pack wird sehen, was ihm blüht...
Sie sonnen sich im hohlen Schein
Zerbrechen wird er an Jesus, Gottes Eckstein...

Der ferne große Herr - will seine Früchte sehen....
Doch die Pächter zahlen nicht
Der Herr der Stadt lässt Boten - zu ihnen gehen
Sie malträtieren sie – schlagen ihr Gesicht

Da schickt der Herr der Stadt den eigenen Sohn
Er sagte, es sei höchste Zeit.
Die Kirchenfürsten tränkten ihn mit Hohn
So heuchlerisch gerecht, voll Selbstgefälligkeit.

Verdunkelt ist ihr Herz – hell scheint der Sohn
schwarz herrscht die Menschenkirchenmacht
Die Eitelkeit sitzt breit – auf fremden Thron
Und wähnt, sie hat die Macht - doch der Teufel lacht…

47.1 Weingärtnerlied (harte Version)

a F d a a C E / a F d a a E a // ref: F G C a / FGC

Es ist wie…
Bei jenem reichen Mann, der viele Häuser baute
Er baute eine ganze Stadt…
Dann ging er fort, weil er sich gerne Neues anschaute
Und überließ Verwaltern, was er gegründet hatte

Der Herr wird kommen, er kommt in seine Stadt
Und was er sieht, geht ihm auf den Sack…
Der Herr wird zeigen, wer hier das Sagen hat
Und schickt hinaus das eitle Pack
Das seinen Hintern auf dem Kirchenkissen hat
Und die Botschaft der Gnade auf dem Gewissen hat

Er wollte sein Teil des Gewinnes
Die Pächter sagten: er ist weg…
Die da oben waren eines Sinnes:
Der Herr, der kümmert sie einen Dreck…

Da schickte der Herr vertraute Boten
Die wurden verlacht und geschlagen
Man machte über sie üble Zoten
Und ließ sich vom Herrn nichts sagen

Da schickte der Herr den eigenen Sohn
Das war, als käme der Herr / als ob er selbst käme
Für ihn hatte man Gewalt und Hohn
Und erschlug ihn / Verachtung, Spott und Häme…

Am Schluss ermordeten sie den Sohn
Und dachten: Jetzt haben wir die Macht
Und setzten sich auf den herrlichen Thron
Genossen die fürstliche Macht…

Ihr habt euch meine Kirche unter den Nagel gerissen
Jetzt, ihr hohen Herrn, könnt ihr euch verpissen…
Denn ihr habt mein Volk beschissen

48 Willkommen in dieser Welt

Wi - i - i - ill - ko - om - men. Will - kom - men auf die - ser Welt. Du bist bei uns an - ge - ko - om - men. Wir hof - fen, dass dir's hier ge - fä - ä - ällt. Du fä - ä - ällt. Jo - seph und Ma - ri - a - freu - ten sich auf ihr Kind. Jo - seph füllt ei - ne Krip - pe mit Heu, weil sie bei den Tie - ren sind.

Willkommen, willkommen auf dieser Welt. /: Du bist bei uns angekommen… Wir hoffen, dass dir's hier gefällt. :/
1. Josef und Maria freuten sich auf ihr Kind. Josef füllt eine Krippe mit Heu, weil sie bei den Tieren sind.
2. Zwischen wärmenden Schafen schlummerte im Heu das grad gebor'ne Baby: Für Jesus war alles neu...
3. Dunkel ist der Himmel, dunkel ist die Welt. Doch durch dieses kleine Kind wird die Welt erhellt...

49 Wir bauen eine Brücke

Refrain: Wir bau- en ei- ne Brük- ke und pak- ken kräf- tig an, weil nur so die- se Schlucht ü- ber- wun- den wer- den kann. Wir schla- gen ei- ne Brük- ke, strek- ken uns die Hän- de zu. Al - le bau - en ei - ne Brük - ken - ket - te, komm auch du! Al - le komm auch du!

Vers: Zeigt eu- re Hän- de, hebt sie al- le hoch, legt die Fin- ger an- ein- an- der und ihr habt ein Loch. Tut das Loch vors Ge- sicht und schaut euch tief an was man al- les durch zwei off- ne Hän- de se- hen kann.

/:CGCFCGC FGCFGFGC:/ CGC CGC FCGC

Refrain: Wir bauen eine Brücke und packen kräftig an. Weil nur so diese Schlucht überwunden werden kann.
Wir schlagen eine Brücke, strecken uns die Hände zu. Alle bilden eine Brückenkette: Komm auch du!

1. Zeigt eure Hände, hebt sie alle hoch. Legt die Finger aneinander, und ihr habt ein Loch. Tut das Loch vors Gesicht und schaut euch tief an: Was man alles durch zwei off'ne Hände sehen kann.

2. Zeigt eure Hände eurem Nebensänger. Legt die Finger aneinander: enger, enger, enger. Jetzt habt ihr 'ne Brücke, jeder ist ein Brückenkopf. Beim nächsten Mal werfen wir alle in den Topf.

3. Zeigt eure Hände, zwei sind eine Brücke. Die ersten machen sich so klein wie eine grüne Mücke. Sie kriechen durch die Brücken, die die andern sind: Dann machst du einen Diener, denn du bist Gottes Kind.

4. Gott baute eine Brücke, er schickte seinen Sohn. Ja, er wohnte bei uns und das Kreuz, es war sein Thron.   Gott baute eine Brücke und er lädt uns zu sich ein. Wir geh'n zu seinem Freudenfest. O, das wird fein!

Ein Bewegungslied für eine Kinderbibelwoche 1984

50 Wir feiern, o Herr

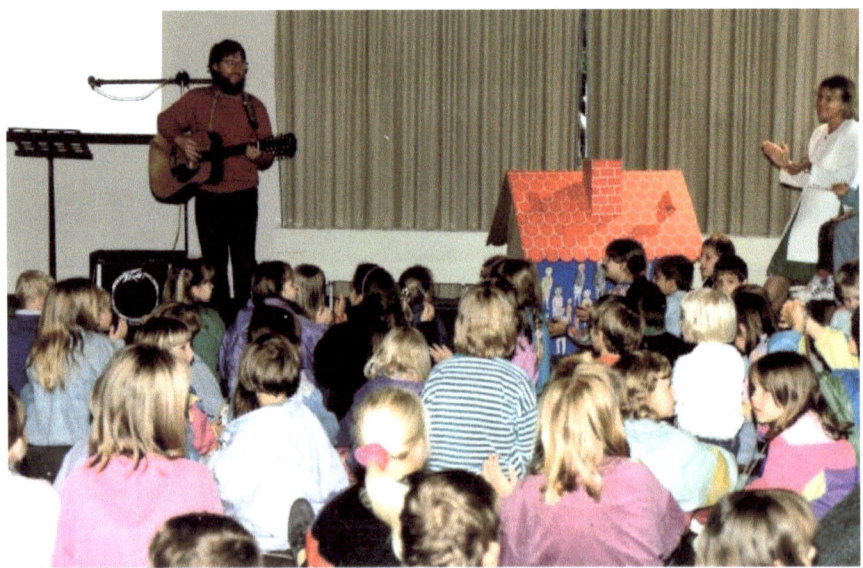

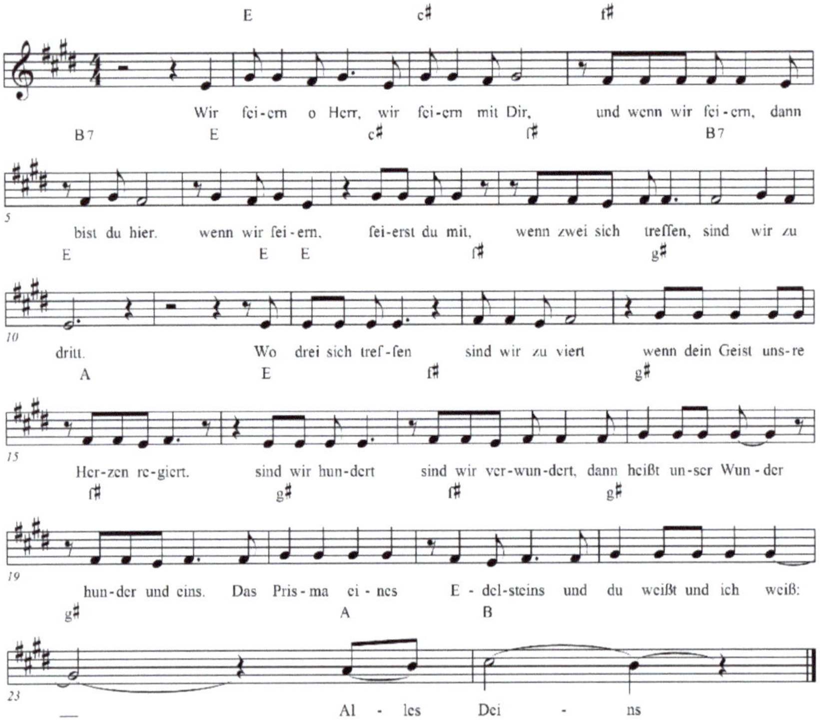
E c# f#
Wir fei-ern o Herr, wir fei-ern mit Dir, und wenn wir fei-ern, dann
B7 E c# f# B7
bist du hier. wenn wir fei-ern, fei-erst du mit, wenn zwei sich treffen, sind wir zu
E E E f# g#
dritt. Wo drei sich tref-fen sind wir zu viert wenn dein Geist uns-re
A E f# g#
Her-zen re-giert. sind wir hun-dert sind wir ver-wun-dert, dann heißt un-ser Wun-der
f# g# f# g#
hun-der und eins. Das Pris-ma ei-nes E-del-steins und du weißt und ich weiß:
g# A B
— Al-les Dei-ns

Wir feiern! Hier: Kinderbibelwoche ca. 1990. Es kamen täglich 100 bis 120 Kinder!
Tempora mutantur: Die Zeiten ändern sich (und wir mit ihnen).

Wir feiern, o Herr, - wir feiern mit dir,
und wenn wir feiern, dann - bist du hier
Wenn wir feiern, feierst du mit
Wenn zwei sich treffen, sind - wir –zu- dritt.

Wo drei sich treffen, sind wir zu viert,
wenn dein Geist unsre Herzen regiert…
Sind wir hundert, sind wir verwundert,
dann heißt unser Wunder hundert und eins,
das Prisma eines Edelsteins
und du weißt und ich weiß: Alles deins.

Wasser verwandelst du wie in Wein,
lädst zum Spaziergang auf dem - Wasser ein
Krummes lässt du grade sein,
brichst in verfahrene Beziehungen ein.
Die reine Gottesliebe - - hast du gelebt
Feiern, bis die Erde erbebt....

Fest und Feier: Installation in Gostenhof Dreieinigkeit:
Die frohgestimmte Pfarreschaft zieht durch die Sraßen: Volker Schoßwald, Dekan
Dirk Wessel, Peter Bielmeier, Gabi Wedel, Hans-Eberhard Rückert, Hartmut
Brunner.

51 Wir leben alle im Kirchenteichboot

Wir leben alle im Kirchenteichboot, Kirchenteichboot, Kirchenteichboot,
1. In der Kirche - aus der ich komm / Ist schon fast niemand mehr fromm
/ Ist schon fast niemand mehr da/ wenn es heißt: Halleluja
2. Halleluja - heißt: Lobt Gott/ Aber ist der nicht lange schon tot? / Lobt
Sonntagsmorgen euren Schlaf / Wer in die Kirche geht bleibt blöd und
brav.

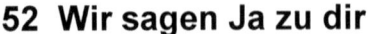

52 Wir sagen Ja zu dir

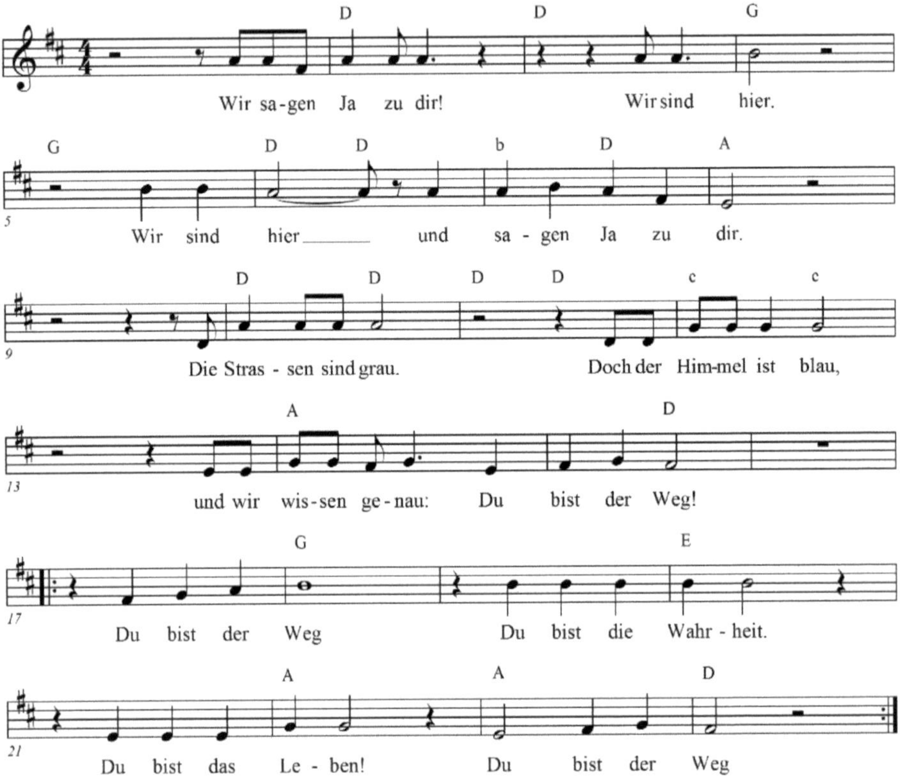
D D G
Wir sa-gen Ja zu dir! Wir sind hier.
G D D b D A
Wir sind hier und sa - gen Ja zu dir.
D D D D c c
Die Stras - sen sind grau. Doch der Him-mel ist blau,
A D
und wir wis-sen ge - nau: Du bist der Weg!
G E
Du bist der Weg Du bist die Wahr - heit.
A A D
Du bist das Le - ben! Du bist der Weg

Das Konfirmationslied von 2012 greift aktuelle Stichworte auf wie Buttons oder „Like-me“, Begriffe aus dem Paralleluniversum des Internets, durch das die Jugendlichen gerne schwebten.

Wir sagen Ja zu dir, wir sind hier, Wir sind hier und sagen ja zu dir.

1. Die Straßen sind grau, doch der Himmel ist blau. Und wir wissen genau: Du bist der Weg.

Ref: /: Du bist der Weg - Du bist die Wahrheit, - Du bist das Leben - Du bist der Weg…:/ Wir sagen Ja zu dir. Wir sind hier, Wir sind hier und sagen ja zu dir.

2. Bunte Buttons sind viel, und ein „like-me" kreischt schrill, bei dir werde ich still: Du bist der Weg…

Ref. /: Du bist der Weg - Du bist die Wahrheit, - Du bist das Leben - Du bist der Weg. :/ Wir sagen Ja zu dir. Wir sind hier, Wir sind hier und sagen ja zu dir.

3. Was soll die Wahrheit sein? Liegt sie vielleicht im Wein, du bist der helle Schein auf unserm Weg…

Ref. /: Du bist der Weg - Du bist die Wahrheit, - Du bist das Leben - Du bist der Weg…:/ Wir sagen Ja zu dir. Wir sind hier, Wir sind hier und sagen ja zu dir.

4. Hier ist des Lebens Quelle, ist die Entscheidungsstelle, das einzig Reelle: Du bist der Weg…

Ref. /: Du bist der Weg - Du bist die Wahrheit, - Du bist das Leben - Du bist der Weg…:/ Wir sagen Ja zu dir. Wir sind hier, Wir sind hier und sagen ja zu dir.

Wir wollen mit dir geh'n, du bist der Weg…

53 Wir werden aufersteh‘n...

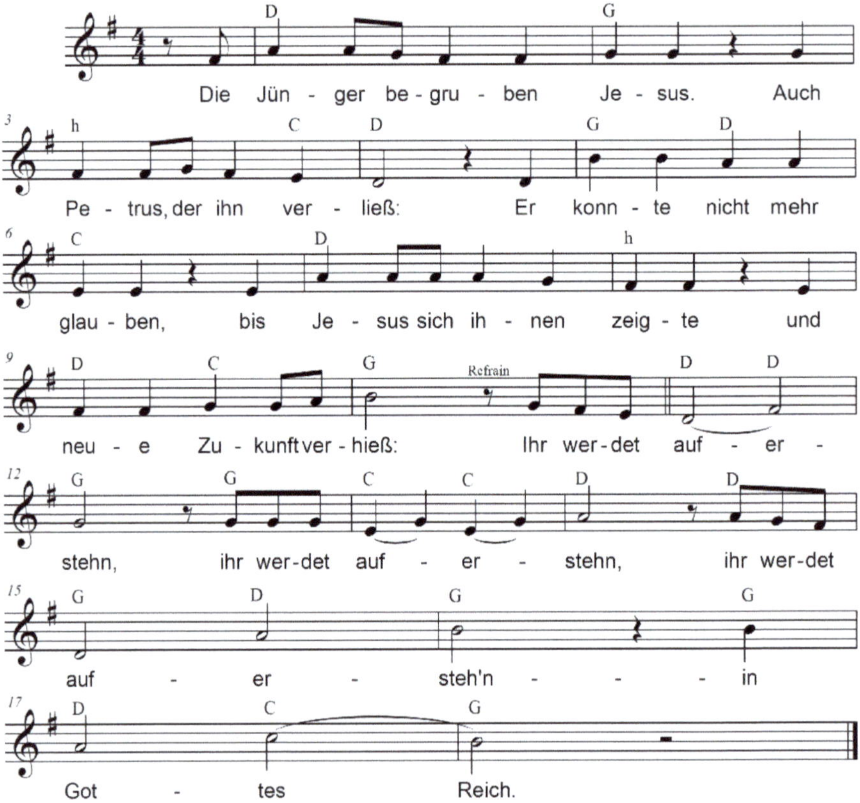
Die Jün - ger be - gru - ben Je - sus. Auch
Pe - trus, der ihn ver - ließ: Er konn - te nicht mehr
glau - ben, bis Je - sus sich ih - nen zeig - te und
neu - e Zu - kunft ver - hieß:
Refrain
Ihr wer - det auf - er - stehn, ihr wer - det auf - er - stehn, ihr wer - det
auf - er - steh'n - - - in
Got - tes Reich.

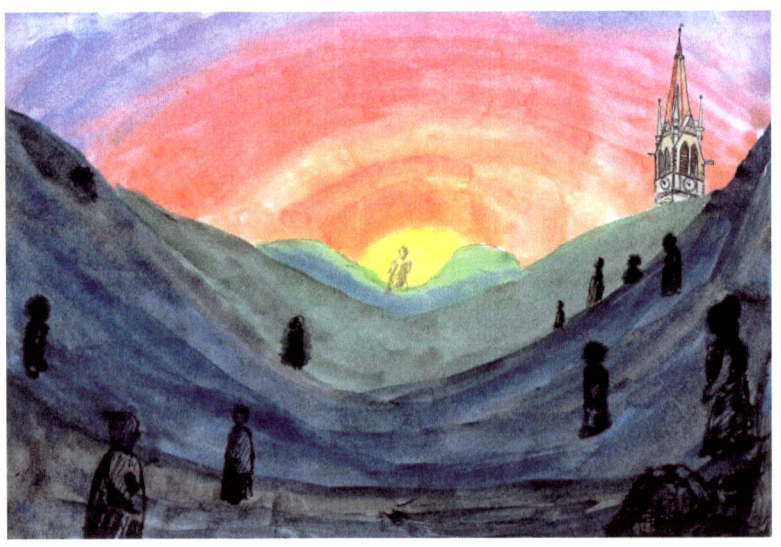

1. Die Jünger begruben Jesus, auch Petrus, der ihn verließ, er konnte nicht mehr glauben, bis Jesus sich ihnen zeigte und neue Zukunft verhieß:

REF: **Ihr** werdet auferstehn, ihr werdet auferstehn, ihr werdet auferstehn in Gottes Reich.

2. Der Herr hat gegen den Tod eine Hoffnung der Welt gegeben. Wer seiner Liebe vertraut, findet bei ihm Halt und Anteil an Gottes Leben:

REF: Und **er** wird auferstehn, und er wird auferstehn, und er wird auferstehn in Gottes Reich.

3. Die Welt trägt noch immer Trauer, es herrschen noch Not und Leid, doch malen wir an unsre Mauer Zeichen der Ewigkeit, setzen Zeichen für Gottes Zeit:

REF: **Wir** werden auferstehn, wir werden auferstehn, wir werden auferstehn in Gottes Reich.

4. Das kalte Erdreich birst nun, die harte Kruste bricht, der Tod verliert die Herrschaft, Gottes neues Reich treibt Keime im Osterlicht.

Helles und Dunkles, Leben und Tod

54 Wo Menschen übermütig thronen

Wo Men_ schen ü - ber - mü - tig thro - nen, und sich und an - dre Göt - ter

klo - nen wer - den Bil - der zu I - ko - nen. Lei-stung muss sich wie - der

loh - nen. Wo Men-schen un - ter Men - schen stöh - nen, und

Vä - ter un - ter i - hren Söh - nen Ex - per - ten tal - ken o - der klö. - nen. Vom

ach - ten Tag der Schöp - fung tö - nen. Wo die ei - nen dem Lu - xus

fröh - nen. Die an-dern in Fa - bri - ken fro-nen. An El - end - all - tag sich ge -

wöh - nen. An Skla-ven und an Pha - ra - on - en. Die Men-schen - wür - den glatt ver -

höh - nen wach-sen Dor - nen an den Kro - nen, wach-sen

Dor - nen an Kro - nen.

Wo Menschen übermütig thronen
Und sich und andre Götter klonen
Werden Bilder zu Ikonen
Leistung muß sich wieder lohnen.

Wo Menschen unter Menschen stöhnen
und Väter unter ihren Söhnen
Experten talken oder klönen
vom achten Tag der Schöpfung tönen

Wo die einen dem Luxus frönen
die anderen in Fabriken fronen
an Elendalltag sich gewöhnen
an Sklaven und an Pharaonen
die Menschenwürde salopp verhöhnen
wachsen Dornen an den Kronen.

55 Zuhaus in Gottes Garten

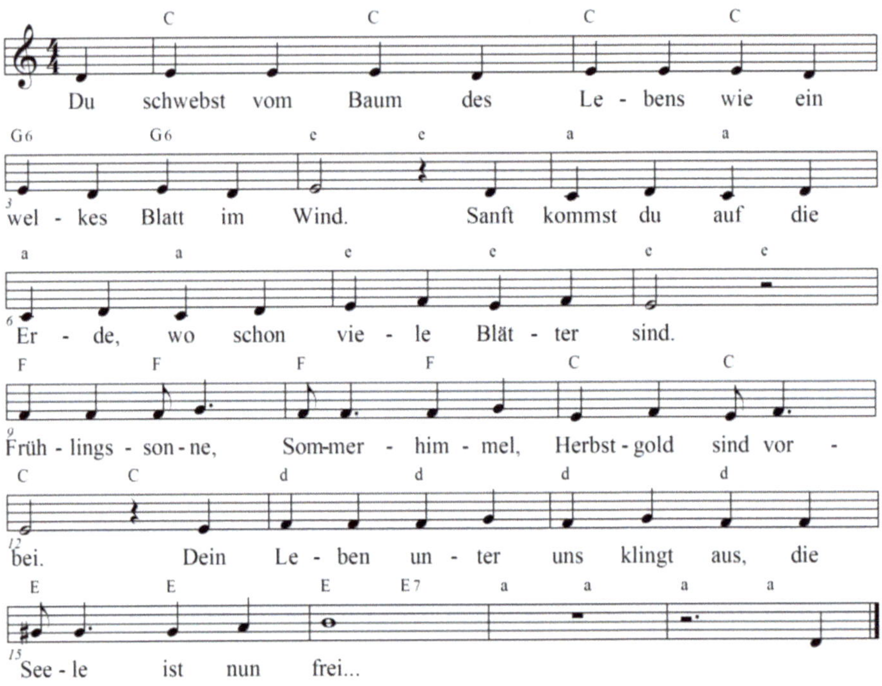
C C C C
Du schwebst vom Baum des Le - bens wie ein
G6 G6 e e a a
wel - kes Blatt im Wind. Sanft kommst du auf die
a a e e e e
Er - de, wo schon vie - le Blät - ter sind.
F F F F C C
Früh - lings - son - ne, Sommer - him - mel, Herbst - gold sind vor -
C C d d d d
bei. Dein Le - ben un - ter uns klingt aus, die
E E E E7 a a a a
See - le ist nun frei...

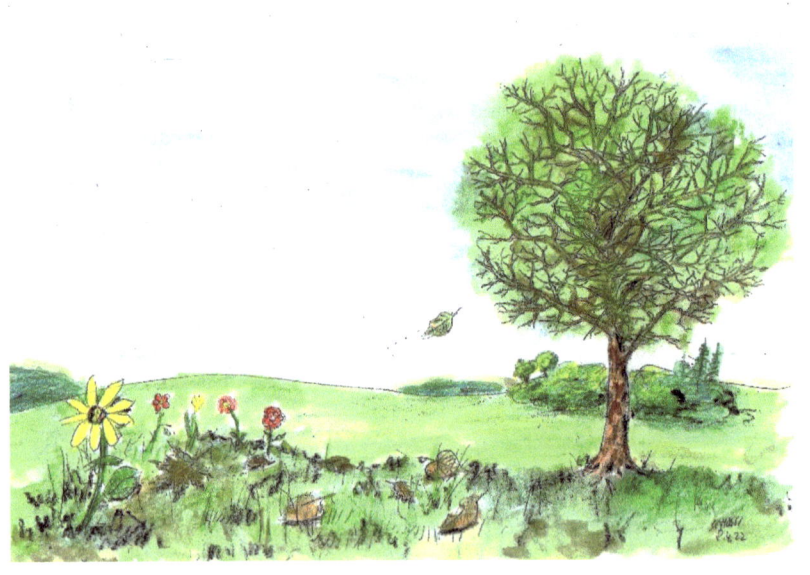

Du schwebst vom Baum des Lebens wie ein welkes Blatt im
    Wind.
Sanft kommst du auf die Erde, wo schon viele Blätter sind.
Frühlingssonne, Sommerhimmel, Herbstgold sind vorbei.
Dein Leben unter uns klingt aus, - die Seele ist nun frei.

Wir stehen hier und denken an Geschichten, die geschah'n,
Was wir mit dir erlebten, und miteinander sah'n.
Du bist nun wie ein Samenkorn, das in der Erde liegt,
Mit deinem ganzen Leben, das wie ein Hauch verfliegt

Was kommt aus diesem Samen, in dem alles von dir steckt?
Blüht etwas auf, als hätte es das Leben neu entdeckt?
In einer andren Welt, vielleicht bist du in Gottes Land
Und über deinem Leben hebt sich segnend seine Hand?

Dann kann alles von dir blühen, sprossen auf in seinem Licht,
Geheilt von Dunklem: Schmerz und Trauer gibt es bei ihm
    nicht.
So wie Menschen, wenn sie Jesus sahen, Heilungen erfuhr'n,
Sei dein Leben ewiglich geheilt, - geheilt auch deine Spur'n.

So stehen wir und denken an die Zeit mit dir zurück.
Weil wir traurig sind, trübt manche Träne unseren klaren
    Blick.
Doch wir sagen dir, es war so gut, dass es dich bei uns gab.
Und der Gott des Lebens sei - nun stärker als dein Grab.

56 Zeltlied Abrahams (Sprechlied)

Ab - ra - ham sitzt vor dem Zelt. Ab - ra - ham zieht

durch die Welt. Ab - ra - ham träumt und Gott spricht.

Ab - ra - ham rehebt die Hän - de.

Das durchgehende G steht nur für eine normale Sprech-
höhe und ist von den Akkorden unabhängig. Der Bass sollte
gezupft werden (1/3). Die Akkorde auf 2 und 4 ebenfalls.
Zeltlied Abrahams (mit Bewegungen) CDFG (Schenkelklat-
schen, Fußtrappen, Schlafbewegung, Hände zum Himmel)

Abraham sitzt vor dem Zelt (Klatschen auf Ober-
schenkel)

Abraham zieht durch die Welt (Rechts-Links-
Füße-Trappeln)

Abraham träumt <u>und</u> Gott spricht (Hände auf Ba-
cken wie schlum-
mern)

Abraham erhebt die Hände (Hände oranteartig zum
Himmel)

Das Lied schrieb ich 2020 im Herbst während der Corona-
zeit für meine Kindergärten. Es durfte nicht gesungen werden,
aber wir konnten rhythmisch sprechen und Bewegungen machen. Außerdem änderte sich die Tonart pro Vers. In allen
Gruppen war es sehr beliebt und wurde häufig wieder gefor-
dert. Es ist auch ohne Hygienemaßnahmen einsetzbar ;)

57 Anhang: Lieder mit musikalischen Anleihen

57.1 An den Strömen von Babylon

1. An den Strömen von Babylon, da saßen wir, o ja, wir weinten, wenn wir an Zion dachten.
2. Sie führten uns weg in Gefangenschaft, und wollten von uns ein Lied. Doch wie klingt ein Lied von Gott fern seinem Tempel?
3. Lass die Worte aus unserm Mund und das Sinnen in unserm Herz, wohl gefallen dir, unserm Herrn, tief in der Nacht.

Den Psalm 137 schrieb ein Israelit, der etwa 600 v.Chr. mit einem Großteil der Bevölkerung aus Jerusalem nach Babylonien deportiert worden war. Viele Israeliten bauten sich dort eine Existenz auf, behielten aber die Sehnsucht nach Jerusalem und dem Tempel Gottes. Der Glaube an den Gott, der sie einst aus Ägypten geführt hatte, stärkte jedoch ihr Gefühl als Glaubensgemeinschaft.

57.2 Du bist hier

Wenn ich in mei - ne Tie - fe spür fühl

ich dein war - mes Licht in mir.＿ Du, das Licht des Le -

- bens. Du bist hier＿＿＿＿

Manchmal ist es in mir still, wenn ich ein lei - ses

Seh-nen fühl, nach Wär - me, Licht und Le-ben. Du bist＿

＿＿＿ Du bist hier, Du bist hi -

ier. Du bist hi - i - ier Du bist hier,＿

Wär - me, Licht und Le-ben: Du bist hier＿＿ Du bist

hier.＿＿＿＿

1. Wenn ich in meine Tiefe spür, fühl ich dein warmes Licht in mir. Du, das Licht des Lebens. Du bist hier. Manchmal ist es in mir still, wenn ich ein leises Sehnen fühl, nach Wärme, Licht und Leben. Du bist hier.

Refrain: *Du bist hier, du bist hier, du bist hier, du bist hier, Wärme, Licht und Leben, du bist hier.*

2. Wenn ich durch dunkle Zeiten geh und keine Freunde bei mir seh, spür ich deine Nähe: Du bist hier/ Und manchmal denke ich bei mir: Es bringt doch nichts, was soll ich hier? Bei dir find ich Hoffnung: Du bist hier.

3. Wenn ich die Welt verbluten seh, in Schmerzen, Leiden, Angst und Weh, Herr du kennst das Leiden, du bist hier. Das Leben öffnet sich vor mir - wie eine goldne Märchentür: Die Tür zum Reich der Liebe: Du bist hier.

Unser urbanes Leben, hier auf einem Backblech gestaltet, bedarf der Erlösung. Wir werden sie nicht selbst schaffen…

57.3 Ein jedes Ding

Ein jedes Ding - schlägt die Uhr - hat seine Zeit - schlägt die Uhr - // Seine Zeit hat jedes Ding unter dem Himmel.

1. Zeit zum Leben, Zeit für den Tod. Zeit zum Mehren, Zeit für die Not. Zeit zum Leiden, Zeit zum Heilen, ja, Zeit zum Bummeln und Zeit zum Eilen.

2. Zeit zum Grämen, Zeit zum Singen. Zeit zum Nehmen, Zeit zum Bringen. Zeit zum Gewinnen, Zeit zum Verlieren. Ja, Zeit zum Minnen und Zeit zum Studieren.

3. Zeit zum Streiten, Zeit für die Liebe. Zeit zum Denken, Zeit für die Triebe. Zeit unter Krieg, Zeit für den Frieden. Ja, Zeit für Sieg und Zeit für Rosenblüten.

57.4 Gottes Blume blüht

Gottes Blume <u>blüht</u>, entfaltet ihre <u>Pracht</u>. Mein Herz er<u>glüht</u> – mitten in der <u>Nacht</u>. Denn du bist immer <u>da</u>, wo ich geh und <u>steh</u>. Du bist mir <u>nah</u>, auch wenn ich dich nicht <u>seh</u>…

1. Wie oft <u>sitze</u> ich allein - und <u>seh</u>, wie alles geht, sich <u>ändert</u> und sich meine Welt ver<u>dreht</u>…

Doch ich bin nicht all<u>ein</u>, denn du bist hier bei <u>mir</u>, auch wenn ich <u>geh</u>, du bleibst tief in <u>mir</u>. Ja, du bist immer <u>da</u>, wo ich geh und <u>steh</u>. Du bist mir <u>nah</u>, auch wenn ich dich nicht <u>seh</u>.

2. Manchmal <u>frage</u> ich mich, warum <u>meine</u> Welt vergeht, Doch <u>spürt</u> mein Herz geheimnisvoll dein <u>Wort</u>:
Ja, du bist nicht allein, denn ich bin hier bei dir, auch wenn du weit weg bist, ich bleibe nah bei dir. Ja, du bist immer <u>da</u>, wo ich geh und <u>steh</u>. Du bist mir <u>nah</u>, auch wenn ich dich nicht <u>seh</u>

57.5 I'm on my Way - Bin auf dem Weg zu meinem Herrn

Gut auch in E-Dur

1. I'm on my Way to Gloryland – I'm on my way Praise God I'm on my way...
2. Bin auf dem Weg zu meinem Herrn – bin auf dem Weg O Herr, bin auf dem Weg.
3. I yearn to see my loving Lord – I'm on my way Praise God, I'm on my Way.
4. Ich komm zu Dir, mein Herr und Gott - bin auf dem Weg O Herr, bin auf dem Weg

(Wiederholung durch eine Gruppe: „to Gloryland"; nach Strophenende geht es in die Tiefe mit dunklen Stimmen: I'm on my way)

57.6 Ja, wenn die Heil'gen einmarschier'n

1. Ja, wenn die Heil'gen einmarschier'n, Ja wenn die Heil'gen einmarschier'n,
Refrain: Herr, dann will ich auch dabei sein, wenn die Heil'gen einmarschier'n,
2. Und wenn die Sterne festlich glühn...
3. Wenn Gott sich als der König zeigt...
4. Wenn seine Herrlichkeit erstrahlt...
5. Wenn Gott sich seine Krone nimmt...
6. Und wenn zum Thron dann alles strömt...
7. An diesem Jubeltag der Welt...
8. Ja wenn die Heil'gen einmarschier'n...

Dieses Lied fällt aus der Reihe, weil hier ganz alte Vorstellungen des „Jüngsten Tages" oder der „Wiederkunft Christi" auftauchen. Aber da dies ohnedies keine immanente Situation ist, sind die veralteten Vorstellungen (z.B. ein klassischer König auf dem Thron) wieder verwendbar, da sie nicht (mehr) mit unserer Realität verwechselt werden können. Hätte ich es zeitgemäßer formuliert, wäre diese Szenerie natürlich von Medienvertreter belagert gewesen und in jedes Wohnzimmer übertragen worden. Da würde ich dann mit einer Tüte Chips und einem fränkischen Bier vor der Glotze hocken und zuschauen. Vielleicht ließe ich auch einen Sektkorken an die Decke knallen. Denn dann wäre ich nicht live dabei.

Nach der evangelischen Vorstellung von „heilig" gehörte ich allerdings zu denen, die Zugang zu Gott haben, „einmarschieren" dürfen, denn „heilig" ist jeder, der zu ihm gehört – laut Jesus „durch sein unmittelbares Vertrauen".

57.7 Los, ruft es aus den Häusern...

Los! Ruft es aus den Häusern, ruft es in das dürre, dunkle Land!
Los! Mit Internet und Handy: Der Retter reicht dir die Hand.
1. Ich hatte echt Komplexe, wusst nicht, was bin ich wert. Was muss ich alles leisten? Was mache ich verkehrt?
2. So mancher lässt mich spüren, ich bin nicht wirklich gut. Ich denk zuviel nur an mich; hab mich nur selbst am Hut.
3. Mein Auto, dick und schwer, verbraucht viel Platz und Sprit. Das Klima geht zugrunde, doch ich mach sorglos mit.
4. Mein Lebensstil ist locker. Die Wälder werden kahl. Mein fetter CO2-Abdruck ist mir doch ganz egal.
5. Was ich hier genieße, hat Armut produziert. Da trink ich noch ein Bierchen, genieße ungeniert.
6. Besser wär es anders. Statt Abschaum lieber Creme. Ein Leben klar nach Jesus, doch das ist unbequem.
7. Mein Herz bleibt schwarz, bleibt reglos. Mit Jesus wär es weiß... Wenn ich die Hand nicht fasse, bleib ich im Teufelskreis.

Zu diesem Spiritual gibt es einen tollen Text von Friedrich Walz: „Komm, sag es allen weiter..." Meine ergänzende Interpretation greift Anliegen der Gegenwart auf und stellt die veränderte volkskirchliche Situation in Rechnung.

57.8 Woher soll ich wissen, was du willst

Vers: Wo-her soll ich wis-sen, was du willst, wenn du dich in Schwei- gen hüllst? Laß uns die- sen Weg ge- mein-sam geh'n, in das Land uns' rer Hoff- nun- gen seh'n, zu ein- an- der steh'n ...

Refrain: Und wenn du dich auf Gott ver- läßt, hält er dich in den Stür- men fest, und du dich auf Gott ver- läßt, hält er dich auch in den Stür- men fest, hält dich fest, *Gott hält dich fest* hält dich fest *Gott hält dich fest* *Gott hält dich fest* hält dich fest Gott hält dich fest

1. Woher soll ich <u>wi</u>ssen, was du willst, wenn du dich in Schweigen hüllst? - Lass uns diesen Weg gemeinsam geh'n, - in das Land unsrer Hoffnungen sehn, - zueinander steh'n.

Refrain: Und wenn du dich auf Gott verlässt, hält er dich in den Stürmen fest. Und wenn du dich auf Gott ver-lässt, hält er dich auch in den Stürmen fest. (1.Gruppe:) hält dich fest. **(2.Gruppe:) Gott hält dich fest** (1.Gruppe:) hält dich fest. **(2.Gruppe:) Gott hält dich fest** (1.Gruppe:) hält dich fest. **(2.Gruppe:) Gott hält dich fest (Alle:) Gott hält dich fest**

2. Hörst du mein S<u>eu</u>fzen, ver<u>ste</u>hst du mich? Das Mensch-heitserbe bel<u>as</u>tet mich. M<u>en</u>schen, Tiere, Pflanzen l<u>ei</u>den Not; die gute Sch<u>ö</u>pfung ist t<u>äg</u>lich durch uns bed<u>ro</u>ht, ge-gen Gottes Ge<u>bot</u>.

3. In deinen Augen l<u>e</u>se ich - Träume, sie ver<u>za</u>ubern dich. - Für das Geheimnis hast du <u>ein</u> Gespür, - in deinem <u>Herz</u> liegt der Sch<u>lü</u>ssel dafür. <u>Gott</u> wohnt in <u>dir</u>....

58 Anhang: Aus dem Kabarett „Popenspötter"
58.1 Alpenblues In E-Dur

Ich hocke in den Alpen und seh den Sonnenuntergang
Er erinnert mich allabendlich an Kuh-glocken-klang
Ich bin so klein, groß ist der Berg / Ich seh die Alpen und fühl
mich als Zwerg

Ich hocke in den Alpen und die Sonne brennt so heiß
Hier ist jeder Flecken bayrisch, selbst der Kuh-Fladen ist
blau-weiß
Nur die Milch, sie fließt hier lila, das ist schön in diesem Land:
Wer die Schokolade liebt, ist vermutlich Protestant.

Ich hocke in den Alpen und am Sonntag in der Kirchenbank
Der Herr Pfarrer reicht Obladen und nimmt selbst den Alko-
Trank[2]
Keine Kommunion mit den Protestanten, „Ihr Herren in Fulda:
wir haben verstanden."

---

[2] Sehr katholisch. In der Messe gibt's nur Obladen (Hostien), nur der Pfarrer lebt alkoholisch

58.2 David und Goliath

Bluesrock in E-Dur

Ref: Go, Go, Goliath... David kommt...

1. Im nahen Osten lebte irgendwo ein kleiner Hirt, der hat verirrte Schafe zügig aufgespürt. Er war zwar klein, aber er war nicht blöd, er wusste ganz genau, wie alles und worum es geht.
2. Nicht weit bei den Philistern lebte auch ein großer Krieger, und weil er groß war, blieb er regelmäßig Sieger. Er war zwar stark, doch nicht besonders klug. So daß ihn David geistig überlegen schlug....
4. Das ist die Welt der Macher, die macht was man nicht braucht. Sie nudeln an Konzepten, bis bald ihr Schädel raucht. Wo kommt der kleine Denker, der nicht nur Stimmen fängt? O David, David, David, wach auf! Die Zeit, sie drängt....
5. Das Land bedecken Straßen, Mercedes und VW - als unstürmbare Burg strahlt ein jedes KKW. Wir gewinnen wieder Kriege, nur die Rente kratzt bald ab, und Soziales und Gesundheit sinken blutleer in ein Grab.
6. Wir brauchen neue Kräfte, neue Ziele und Ideen, sonst lassen uns die Goliaths im sauren Regen stehn. Doch David weiß: Es reicht nicht 'ne Zigarre und ein Bauch: Die kleinen grauen Zellen, ja, die braucht man auch...
7. Irgendwo in dieser BRD, da fliegen es kleine Steine. O du neubraunes Vaterland, bist du denn noch das meine? Der Stein der Weisen ist im Harry Potter versteckt, drum hat die Opposition ihn auch noch nicht entdeckt...

Der unterdrückte Mensch…

58.3 Gnaden-Rap zu Lukas 6

Jesus predigt wie beim Club mitten auf dem Feld...
Er hält den Ball der Worte flach...
Ich wär gern der Spieler, der dem Trainer gefällt,
doch ich spiel im Keller und - er auf dem Dach...

Sei barmherzig, so mahnt mich der milde Herr,
barmherzig sein in einer kalten Welt?
Barmherzig sein zum Bösen, ist das fair?
Während - der Gute durch ihn fällt...?

Und wenn ich es bin, der Barmherzigkeit braucht?
Ich hab schon zu oft so viel versiebt...
Ich werde nicht gerne zusammengestaucht
brauch einen, der mich wie ein Vater liebt...

Ich solle nicht richten, meint Jesus, mein Herr
Doch soll ich Böses nicht beim Namen nennen?
Zu Unrecht schweigen ist für viele nicht schwer...
Süßes Leben heißt Schweigen und Pennen...

Auch ich tret nicht gerne vor die Richter...
Gesetze auf Papier sind gnadenlos
Ich schau nicht gern in drohende Gesichter
Ich würd meine Schuld gern ohne Folgen los...

Der Vater ist voll Gnade, verheißt der Herr
Bei ihm kann ich auch ohne Pluspunkt hoffen
Die Sünden wirft er weit hinaus ins Meer,
es klatscht und spritzt, dann sind sie abgesoffen...

Wie schön ist das Buffet, zu dem er lädt?
Wie schön ist das Büffee, zu dem ich lade?
Das, was ich biete, es vergeht...
Alles für nichts: himmlische Rochade...

Ich bin ein kluger Mann, und sogar promoviert...
Ich habe Lösungswege parat
Lösung für fast alles, was passiert...
Nur für mich selbst weiß ich oft keinen Rat...

Und doch: in aller Komplexität:
wer kennt die Lösung, die gelingt?
Wüßt ich als Herr von Griechenland,

was einen Ausweg bringt?
Und wenn ich „König von Deutschland" wär…
Mit allen Fäden in der Hand
Bekäm ich Arznei für Griechenland her?
Oder führe ich den Karren an die Wand?

Und wär die Königin zwar gut, doch blind…
Und würde sich mir anvertraun
Ließ sich arglos von mir leiten wie ein Kind
Sieht mich nicht aus meinen blinden Augen schaun…

Sie fragt nach TTIP und nach Grexit,
Hilf Hellas, aber schnell
Doch so gefragt, sag ich: No exit,
Hellas? is on the way to hell.

Du siehst den Splitter im Auge des Bruders,
seufzt sehr genervt der Herr…
Du siehst die Schminke auf der Haut des Luders…
Doch dein Balken macht dein Richten schwer…

Du liebst die klugen - Menschen, die schlauen,
die wissen, was für dich richtig ist,
dabei auf ihre eignen Füße nicht schauen…
als Weisheit   präsentieren sie nur Mist…

Auge steht für Brunnen in Jesu Sprache
Im Brunnen liegt mein Balken quer,
so wird der Lösungsweg eine schwierige Sache,
an deinen Spreißel komme ich nicht mehr…

Mit Lieben und Lachen am Ende besiegt
der gute Herr die böse Macht…
Ich höre Jesu Lachen, bis sich mein Balken biegt,
der dreist und frech in meinem Brunnen liegt
und am Ende birst und kracht…

Klare Bilder malt Jesus,   meine Herren und Damen,
und ich stimme ihm zu – mit einem festen: …. (Amen)

Als ich 2015 als Pfarrer in der Dreieinigkeitskirche Gostenhof installiert wurde, fragte ich mich, wie ich in diesem Multi-Kulti-Stadtteil und seinem Kneipen-Künstler-Milieu am besten agieren könnte. So wählte ich als Predigtform einen Rap, orientiert am vorgesehenen Predigttext.

58.4 Gott will dich lächeln seh'n

Vorgabe: 8 (angelehnt an Obladi Oblada) (E-Dur)

Ref: Hallelu, Hallelu, Halleluja, bleib einmal im Hecheln stehn

Hallelu, Hallelu, Halleluja, denn Gott will dich lächeln sehn...

1) Gottfried drückt schon lange seine Kirchenbank, doch der Zinssatz dieser Bank steigt nicht. / Dorothee hingegen jubelt Preis und Dank, ihre Augen glänzen hell im Kerzenlicht.

2) Boris hatte seine alte Kirche satt, angeödet von der Liturgie,/

Steffie singt bei uns im Kirchenchor vom Blatt, denn sie liebt die zuckersüße Melodie. - Ref.

Bridge: Eines Tages trifft man sich im Gemeindesaal, und sucht entschlossen eine neue Form: / Zungenreden, Einzelsegnung, ganz frontal zeigt man seine neue Norm...

3) Sonntagmorgen wirkt die große Kirche hohl: 30 Frauen und ein schwarzer Mann * Hundert junge Leute fühlen sich nun wohl, bei der Charismatik, also nebenan.

Ref - Bridge:...

4) Noch nach Jahren sind sie alle sehr spontan: Hände hoch zu Gottes Lob und Preis. Jedes neue Schiff wird mal ein alter Kahn, und ein frischer Teeny mal ein Tattergreis

Ezzedla-abba performed (Rockkärwa Goho)

58.5 Im Rucksack die Bibel

Melodie: Im Frühtau zu Berge(D-Dur) mit Gitarre

1 Im Rucksack die Bibel, wir ziehn Fallera, hinaus in alle Welt, laßt uns fliehn, fallera / wir tragen ein Botschaft, die gibt in aller Not Kraft, auch wenn sonst die ganze Erde vergeht.

2 Schinesen und Neger und bumsfallera: ihr lernt nun Gottes Willen von uns fallera / was Gott will, weiß der Westen, doch am allerbesten drum nehmt unsre Bibel und die Kultur.

3 Die Welt ist so böse, die Frommen sind rar so stärke die Guten und werd Missionar. / Jesus macht die Muslims froh mit frommen Dollars und Euro... Uns braucht diese Erde zum Wohl und Heil.

4 Bei uns hier in Deutschland gibt's Neuheidentum. Das finden wir erschrecklich, es läßt uns nicht mehr ruhn. / Wir sagen den Kampf an, dem Yoga und Mantram, denn wir sind die Bessern, das ist ganz gewiß.

Der reformatorische Missionar in Deutschland, Melchior Hoffmann.

58.6 Rap zum Sonntag

1. Es ist ziemlich früh am Sonntag, nämlich viertel vor zehn, und ich glaub, ich sollte jetzt gleich in die Kirche geh'n. Manchmal gönn ich mir was Gutes, und dann geh ich rein, und ich geh aus vollem Herzen und nicht nur zum Schein.

2. Das tut heute eh fast keiner, dazu sind sie viel zu schlapp, und ihr Denkvermögen scheint mir manchmal ziemlich knapp, an der Grenze hin zur infantilen Idiotie, in die Kirche rennt man nicht, so sagen sie und rennen nie.

3. Und auch sonst rennt niemand, doch das haben sie noch nicht begriffen, denn ihr Vorurteil sitzt viel zu tief, ist viel zu eingeschliffen, grad die alten Omas können doch schon gar nicht mehr rennen, doch das wissen die nicht, die zu der Zeit eh bloß pennen.

4. Penn-brüder nenn ich sie, und wörtlich gilt das Wörtchen, denn am Sonntagmorgen pennen sie oder sitzen grad am Örtchen. Ihre Seele ist auf Urlaub und ich glaub, sie kommt nicht wieder, denn die Brüder hören meistens nur die falschen Lieder,

5. und die Lieder, die ich höre, klingen ziemlich verlogen und der Inhalt wird doch meistens nur zum Reim hin gebogen, das klingt fast als würd es passen, doch es passt eben nicht, weil der Reim, bevor er kommt, vor lauter Übelkeit bricht. Ich sag euch, ihr braucht mal wieder die richtigen Lieder: Sonntag morgens in der Kirche, liebe Schwestern und Brüder

6. Seid es ihr da, die ihr am Eingang steht, bist es du da, der jetzt die Augen verdreht, ist es der da, der mit der schwarzen Kutte an? Es ist der und die und jeder, der auch am Sonntag kann... Sonntag kann, Sonntag kann, Sonntag kann...

Sehnsucht nach der roten Banane 1990 (Wiedervereinigung) .

59 Neue Psalmen

59.1 Psalm 205 Herr, unsere Wege

1. Herr, unsere Wege sind brüchig geworden und unsicher.
2. **Wir suchen deine stützende Hand.**
3. Herr, unsere Ziele verflimmern in der Ferne.
4. **Wir suchen deine weisende Hand.**
5. Herr, dunkle Wolken schieben sich bedrohlich vor uns.
6. **Wir hoffen auf dein starkes Licht.**
7. Herr, wir sind bei dir zusammengekommen.
8. **Wir suchen Nähe und Gewissheit.**
9. Herr, Du bist bei uns bei den neuen Schritten.
10. **Wir danken dir, dass du uns begleitest.**
    Amen

59.2 Psalm 215 Der Herr schuf den Himmel und die Erde

L: Der Herr schuf den Himmel und die Erde
G: Der Himmel ist unser Zelt
L: Der Herr schuf die Erde und den Himmel
G: Die Erde ist unsere Heimat
L: Der Herr kommt vom Himmel zur Erde
G: Der Herr ist unser Licht
L: Der Herr bringt der Erde den Himmel
G: Lob sei unserem Herrn.
L: Der Herr schuf die Himmel.
G: die Himmel in uns.
L: Wenn der Herr auf der Erde ist
G: ist der Himmel bei uns.
L und **G**: Amen

59.3 Psalm 222 Wir stehen vor dir – Coronapsalm

I: Herr, unser Gott, die Blumen sind aufgebrochen
II: Wir sehen die Farben, wir spüren die Kraft
I: Der Himmel ist weit und offen
II: Die Erde kennt keine Grenzen
I: Unsere Herzen sehnen sich nach gedankenlosem
   Leben

II: Unsere Herzen sehnen sich nach bedenkenlosem Begegnen.

I: Unsere Stimmen erschallen mit Freude in unseren Häusern

II: Der Herr schenkt neues Leben

I: Unsere Stimmen preisen die Hoffnung des Herrn

II: Der Herr schenkt volles Leben.

I: In Zeiten des Unheils ist das Leben stärker

II: Ich werde das Lob des Lebens singen

I: Der Stein, den die Bauleute verworfen haben

II: Ist mein Eckstein geworden.

I: Das macht der Geist des Herrn aus mir

II: Es ist ein Wunder vor unseren Augen

I: Dies ist der Tag, den der Herr macht

II: O Herr, lass wohl gelingen!

I+II: Ehre sei dem Vater und dem Sohn und dem Heiligen Geist

I+II: Wie es war im Anfang, jetzt und immerdar und in Ewigkeit.

Amen

59.4 Psalm 232 Du siehst, wie ich bin

L: Herr, die Menschen sehen mich mit ihren Augen an

G: Aber du siehst in mein Herz

L: Herr, die Menschen wissen, wie ich sein soll,

G: aber du siehst, wie ich bin.

L: Herr, ich muss mein Leben täglich neu erobern

G: Aber du bist mir treu.

L: Herr, meine Augen sehen alle Hürden auf dem Weg

G: Aber du trägst meine Seele

L: Herr, mein Denken macht mich ratlos in der Welt

G: Aber deine Liebe schenkt mir Halt. Amen

59.5 Psalm 234 Dem Herrn sei ewiglich Dank

1. Lob sei Dir Herr, Du bist mein Gott.

Gemeinde: Dem Herrn sei ewiglich Dank

2. Alles, was ist, lebt aus Deiner Schöpferkraft

Gemeinde: Dem Herrn sei ewiglich Dank

3. Du bist der Herr der Täler und der Berge

Gemeinde: Dem Herrn sei ewiglich Dank

4. Du bist der Herr der Zellen und Gestirne

Gemeinde: Dem Herrn sei ewiglich Dank

5. In dir ist die Kraft unseres Lebens...

Gemeinde: Dem Herrn sei ewiglich Dank

6. Du bist das Haus, in dem ich Zuflucht finde...

Gemeinde: Dem Herrn sei ewiglich Dank

7. In deinen Händen ruht sich meine Seele aus...

Gemeinde: Dem Herrn sei ewiglich Dank

8. Du stehst zu mir, wenn andre mich bedrängen...

Gemeinde: Dem Herrn sei ewiglich Dank

9. Du leuchtest vor mir her, wenn alle Türen geschlossen werden....

Gemeinde: Dem Herrn sei ewiglich Dank

10. Meine Seele rühmt dich, lobt dich, preist dich

Gemeinde: Dem Herrn sei ewiglich Dank

Amen

59.6 Psalm 235 Der Herr schuf den Himmel und die Erde

L: Der Herr schuf den Himmel und die Erde

G: Der Himmel ist unser Zelt

L: Der Herr schuf die Erde und den Himmel

G: Die Erde ist unsere Heimat

L: Der Herr kommt vom Himmel zur Erde

G: Der Herr ist unser Licht

L: Der Herr bringt der Erde den Himmel

G: Lob sei unserem Herrn.

Amen

59.7 Psalm 236 Wie ein Blatt im Wind

L: Herr, manchmal fühle ich mich wie ein Blatt im Wind,

G: Aber Du bist der Stein, auf dem wir stehen

L: Manchmal gehe ich durch meinen Tag wie über einen See mit dünnem Eis,

G: Aber Du bist der Stein, auf dem wir stehen

L: Manchmal fühle ich mich unsicher, wie auf einem schwankenden Schiff...

G: Aber Du bist der Stein, auf dem wir stehen

L: Manchmal stehe ich allein und spüre keine Hand, die mich hält

G: Aber Du bist der Stein, auf dem wir stehen

Amen

59.8 Psalm 296 Herr, Du bist unser Fels

L: Herr, Du bist unser Fels, auf dir können wir stehen
G: Auf dir können wir stehen und können leben
L: Herr, Du bist unser Licht, durch dich können wir sehen
G: Durch dich können wir sehen und unsre Wege gehen
L: Herr, Du bist unser Weg, du führst uns durch Fremde
G: Du führst uns durch die Fremde, der Heimat zu
Liturg: Herr, Du bist unsere Quelle, du erfrischst uns
G: Du erfrischst uns und gibst uns neue Kraft.
Liturg: Ehre sei dem Vater und dem Sohn und dem Heiligen Geist
G: Wie es war im Anfang so auch jetzt und alle Zeit und in Ewigkeit.
Gemeinsam: Amen

59.9 Psalm 309 Frohlockt und hebt die Hände

L: Frohlockt und hebt die Hände, ihr Völker alle
G: Jauchzt dem Herrn, unserm Gott aus vollem Herzen
L: Der Herr ist der Herrscher über die Länder
G: Der Herr ist der Schöpfer des Lebens aus der Erde
L: Rühmt den Herrn, er schenkt uns unser Leben
G: Lobt den Herrn, er schenkt uns die Früchte des Feldes
L: Greift zu euren Instrumenten, ihn zu preisen
G: Stimmt die Lieder an zu seinem Lob
L: Er ist der Herr und nicht die Könige
G: Ihm vertrauen wir aus vollem Herzen
Amen

59.10 Psalm 419 Herr, aus dir kommt Leben

L: Herr, aus dir kommt Leben. Wir preisen dich.
G: Herr, aus dir kommt Liebe. Wir loben dich.
L: Herr, wir danken dir für die Wärme, mit der du uns umfängst.
G: Herr, wir danken dir für das Licht, das uns erfüllt.
L: Herr, wir suchen Wege und brauchen Wegweisung
G: Herr, wir suchen Ruhe und brauchen Stille.
L: Du bist der Halt für unsere Seele
G: Du bist der Halt für unser Herz.
L: Wir preisen dich und loben deinen Namen
G: Du bist der Herr. In Ewigkeit. Amen

59.11 Psalm 611: Ich rief um Hilfe in meinem Herzen

G: **Danket dem Herrn, denn seine Huld währet ewig**

L: Ich rief um Hilfe in meinem Herzen,
niemand hörte mein Schreien
aber der Herr nahm es auf.

G: **Danket dem Herrn, denn seine Huld währet ewig**

L: Die Menschen stießen mich herum,
ich verlor den Halt
aber der Herr schenkte mir seine stärkende Nähe.

G: **Danket dem Herrn, denn seine Huld währet ewig**

L: Meine Augen flackerten wie Feuer im Wind
Und fanden keine Ruhe
Aber der Herr legte seine rechte Hand auf meine Schulter und mein
Sturm legte sich

G: **Danket dem Herrn, denn seine Huld währet ewig**

L: Ich blickte um mich, aber alle blickten auf mich herab
Ich fühlte mich unnütz und leer,
aber der beugte sich zu mir und sah mir in die Augen
ich konnte mit ihm wachsen.

G: **Danket dem Herrn, denn seine Huld währet ewig**

L: Die Zeichen des Erfolgs tragen die stolzen Menschen
Aber ich habe nichts, was ich vorzeigen kann
Da nahm mich der Herr und zeigte mich vor,
und ich war stolz auf meinen Herrn
und dieser Stolz gab mir Kraft.

G: **Danket dem Herrn, denn seine Huld währet ewig. Amen**

59.12 Psalm 805 Shalom, o Herr

L: Shalom, o Herr, es sei Frieden zwischen dir und uns.

G: **Shalom, o Herr, es herrsche Frieden zwischen uns.**

L: Wir senken die Augen. Wir sind nicht rein.

G: **Wir heben die Augen. Schau uns an.**

L: Wir wollen in Frieden leben, o Herr.

G: **Wir wollen in Gerechtigkeit wohnen, o Herr.**

L: Wir sehen so viel Streit in unserer Welt.

G: **Wir sehen Zorn und Wut und Angst**

L: Wir hören zarte Stimmen, die flehen um Gnade.

G: **Wir hören laute Stimmen, Bauch ohne Herz.**

L: Wir sehnen uns, den Frieden zu fühlen.

G: **Mach uns friedfertig, o Herr.**

L: Wir sehnen uns nach Ruhe in der Seele.

G: **Leg die Ruhe in unser Herz, o Herr.** Amen

60 Einfaches Glaubensbekenntnis

Ich glaube an Gott.
Er ist für uns wie ein guter Vater.
Er hat unsere Welt erschaffen.
Ich vertraue ihm, denn er hat mich lieb.

    Ich glaube an Jesus Christus.
    In ihm kommt Gott uns nahe.
    Ich kann ihm sagen, was mich bedrückt.
    Ich weiß: er hat mich lieb.

        Ich glaube an den Heiligen Geist.
        Er ist Gottes gute Kraft für mich.
        Durch ihn gehöre ich zur Gemeinschaft
        der Kirche.

Statt eines Nachworts: Zum Verfasser.

Die ersten Lieder stammen aus den 70ern und 80ern, aus der Abiturzeit, von einem evangelistichen Praktikum als Student, wo zur Kinderbibelwoche ein anschauliches Lied zu Petrus fehlte, im Predigerseminar, als wir einen Unterricht zur Verleugnung des Petrus machen sollten, dann als Vikar, als ich für meine Konfirmanden mal einen Rock suchte, dann in den 90ern in Nürnberg-Moorenbrunn,, in den 10ern in Schwabach-Limbach mit der Band Ezzedla abba beim Gemeindefest. Die aktuellsten Lieder entstanden in Nürnberg: Dreieinigkeitskirche, Thomaskirche, Epiphaniaskirche und Erlöserkirche.

EINEN KONFIRMANDEN-RAP sang der Chor der Christuskirche in Altenfurt mit Pfarrer Volker Schoßwald (in Weiß) für die jungen Gläubigen, die kürzlich offiziell in die Gemeinde aufgenommen wurden. Angelehnt an den Hit der „Phantastischen 4" „Sind es die da, die hastig in die Kirche rennen? Oder die da, die sonntags morgen lieber pennen. Sind es die da? o, die kommen jetzt dran, es sind die da, die ich gut leiden kann" — was sich wohlwollend auf die Leute bezog, die den Gottesdienst besuchen. Foto: Weigert